AF288021

Renate Delfs

Ohaueha, was'n Aggewars

oder wie ein' zusieht
un sprechen as de Flensburger Petuhtanten

Husum

Umschlagbild: „Das Nordertor zu Flensburg"
Lithografie von Tom Petersen, 1886

Bibliografische Information der Deutschen Nationalbibliothek

Die Deutsche Nationalbibliothek verzeichnet diese Publikation in der
Deutschen Nationalbibliografie; detaillierte bibliografische Daten sind im
Internet über http://dnb.dnb.de abrufbar.

11. Auflage 2024

© 1995 by Husum Druck- und Verlagsgesellschaft mbH u. Co. KG,
    Husum
Gesamtherstellung: Husum Druck- und Verlagsgesellschaft
Nordbahnhofstraße 2, D-25813 Husum – www.verlagsgruppe.de
ISBN 978-3-88042-721-1

Meine erste Begegnung mit den Petuhtanten hatte ich sicherlich als Kind, wenn ich mit einer Ferienkarte um den Hals täglich nach Glücksburg zum Baden fuhr. Kinder durften sich auf den Schiffen nicht überall hinsetzen und spürten sehr deutlich, dass die schwatzenden, häkelnden Frauen an Bord die eigentlichen Kommandeure waren. Ihren Gesprächen lauschen durfte man als Kind natürlich nicht – das kam erst später im Krieg, als ich dienstverpflichtet in einer kleinen Flensburger Fabrik unter der Aufsicht von „Tante Meta" Sandkerne für Gussstücke herstellte. Sie hatte eine so originelle und witzige Sprache, deren Vokabeln mir zwar zum Teil fremd, aber deren Klang mir doch sehr vertraut war. Von da an begann meine Liebe zu dieser für Flensburg so typischen Sprache. Und wenn man meint, die wäre weitgehend ausgestorben, dann empfehle ich, im Bus oder beim Kaufmann mal ein bisschen die Ohren zu spitzen: „Szünde!" sagt bestimmt jemand!

Renate Delfs

Peter Bruhn kaute auf seinem Kugelschreiber und merkte gar nicht, dass er schon eine Viertelstunde aus dem Fenster sah, ohne dabei etwas zu sehen. Aber zuhören musste er, ob er wollte oder nicht, denn draußen unterhielten sich zwei Frauen von Küchenbalkon zu Küchenbalkon:

„Na Liebbe, szind Szie immer noch bei un machen Großrein?"

„Ohaueha nee, ich szoll notwendig szehen un werden fertig – ich szoll auf Beszuch szustellen un das is ja doch immer 'n sziemlichen Tummelum. Mein Schwesters Jüngste szoll kommen mit ihrn Mann – kommt mir eichentlich gar nich szu Pass, denn ich war doch letztag cheschnüffelt un lingelangs aufer Küchendiele hinchefalln! Ein Chlück hatte ja nichts mallört, aber ein is ja doch erst szon büschen dingelig."

„Beste, das szag man! Ich wollte chrade beichehn un rönschen 'n büschen in mein' Kleiderschrank – da is doch immer viel szu viel, wo ein auf hausen tut. Szeh hier, szo'ne reelle Hose von mein Mann – ich bin bange, Herr Bruhn is da zu spinkig für. – Ohaueha, ich szoll streben – szonst macht Jepsen szu un ich fehl noch Milch!"

Peter machte leise das Fenster zu und musste lachen, wenn er an das Bild vom seligen Herrn Hansen auf der Kommode in der besten Stube dachte. Ja, dagegen war er wohl wirklich etwas spinkig.

Dann saß er wieder da und dachte an dieses merkwürdige Mädchen, dem er einen Brief schreiben sollte. Es war schon eine ganze Weile her, dass er sie im Zug nach Köln kennengelernt hatte – sie hatten über viele gleichgültige Dinge geredet und waren etwa ab Osnabrück auf die weniger gleichgültigen zu sprechen gekommen – da hatte sie plötzlich gesagt: „So, da wären wir. Die Zeit geht doch schnell herum, wenn man sich ein bisschen unterhalten kann – auf Wiedersehen! Und wenn ich wirklich mal da ganz oben nach Flensburg kommen sollte, dann besuch ich Sie bestimmt – ich hab ja Ihre Adresse!" Und dann war sie ausgestiegen. Sie hatte kurze rote Haare. Dass die Farbe nicht echt war, hatte er natürlich gleich gesehen, aber es stand ihr gut, sie sah aus wie eine muntere Junghexe. Und es hatte Spaß gemacht, sich mit ihr zu unterhalten. Nachdem sie ausgestiegen war, vertiefte er sich wieder in seinen Krimi und fand den Rest der Fahrt ziemlich langweilig.

Nun hatte sie ihm auf einmal geschrieben: „Es ist vielleicht ein bisschen merkwürdig, aber es kann ja sein, dass Sie sich an mich erinnern …" Und weiter unten hatte gestanden, dass sie eine Seminararbeit bekommen hätte über Sprachabsonderlichkeiten in Grenzgebieten, und er hätte ihr da doch so lustige Geschichten erzählt aus seiner Heimatstadt, sie hatte das Wort vergessen, aber es hatte etwas zu tun mit Schifffahren … und ob sie ihn nicht kurz aufsuchen dürfte, sie wäre in den Ferien auf Sylt und könnte gut für ein oder zwei Tage mal nach Flensburg kommen. … Und zum Schluss: „Liebe Grüße Ihre Marlies Weber."

Und da saß er nun und musste auf diesen netten Brief antworten. Es war an sich kein Problem, sie für ein paar Tage einzuladen, damit sie an Ort und Stelle … aber hatte er dazu überhaupt Lust? Ebenso gut konnte er ihr doch was über die Petuhtanten schreiben, er hatte ja oft genug – erst neulich, als er die Stadtführung für die Kollegen aus Lüneburg vorbereitet hatte – also oft genug darüber geredet und geschrieben hatte er … da brauchte er nur ein paar Unterlagen zu fotokopieren. Aber immer wenn er die Mappe durchblätterte, um das Geeignete herauszusuchen, dachte er an diesen witzigen Karottenkopf und dachte, dass es doch eigentlich Spaß machen müsste, mal mit ihr nach Glücksburg zu fahren, mal in der Marienhölzung essen zu gehen. Aber vielleicht war sie so eine, die er dann nicht wieder loswerden könnte … Vor zehn Jahren hatte er sich gar nichts bei sowas gedacht, da hatte er sich in jeden Flirt gestürzt, der ihm über den Weg lief … mit fünfunddreißig mochte man sich nicht so gerne mehr aus seinem Trott bringen lassen.

Draußen klappte die Wohnungstür. Frau Hansen. Die würde Zustände kriegen, wenn er Damenbesuch hätte. Aber schließlich war er erwachsen und hatte die beiden Zimmer ihrer Wohnung schon seit drei Jahren gemietet, und vielleicht würde sie es ja gar nicht merken … Herrgott, dachte er wütend, was willst du eigentlich.

„Guten Morgen, Herr Bruhn!" Frau Hansen steckte ihren fein ondulierten Kopf zur Tür herein. „Irgendwas Besonderes?"

„Ja, Frau Hansen, mein hellblauer Pullover müsste gewaschen werden …"

„Das dachte ich doch neulichst schon, das szoll er notwendig! Das is doch nix un chehen mit szon chutes Stück mit Kaffeeflecken auf!"

Sie verschwand wieder. Frau Hansen … die müsste man dabei haben. Bei der waren wahrscheinlich sämtliche weibliche Ahnen Petuhtanten gewesen, so schön sprach sie diese urflensburgische Sprache.

„Ich lad sie einfach ein", sagte Peter zu sich selbst und drehte auch schon einen Bogen in die Maschine. Nach einer ganzen Weile klopfte Frau Hansen wieder an die Tür.

„Um es Szie wohl szehr stören tut, wenn ich hier beicheh un putzen ein büschen die Fenstern? Ich hab das heute 'n büschen hilde, mein Tochter, szie szoll nach'n Arzt un bringt mir die Lütte szu'n Passen."

Peter Bruhn hatte auf einmal eine prima Idee. „Passen Sie mal auf, Frau Hansen", sagte er und nötigte sie samt ihrer pinkfarbenen Nyltestkittelschürze in seinen Safaristuhl.

„Das Fensterputzen ist im Moment gar nicht so wichtig. Ich muss hier jemandem was über Flensburg erzählen und über unsere Petuhtanten."

„Ach das, da haben die ja früher schon immer Narr nach chemacht, aber nu is da doch bald keinen mehr, was szo sprechen tut."

„Nee, ist egal, aber hören Sie trotzdem mal zu, ob man sowas schreiben kann."

Innerlich tippte er sich vor die Stirn. Was'n Idee un kommen auf – als ob er sonst je Frau Hansen um ihre Meinung zu dem bitten würde, was er schrieb!

„Also passen Sie auf, Frau Hansen, das fängt so an: *Sie möchten gern was über Flensburg wissen? Es ist Deutschlands nördlichste und Schleswig-Holsteins drittgrößte Stadt nach Kiel und Lübeck, unmittelbar an der deutsch-dänischen Grenze gelegen, an der 34 km langen Flensburger Förde, Seglern wohlbekannt als eines der schönsten Segelreviere Europas. Flensburg – da schlägt Ihnen doch hoffentlich nicht das Gewissen wegen der Verkehrssünderkartei im hiesigen Kraftfahrtbundesamt? Oder verbinden Sie am Ende den Namen Flensburg mit dem eines bundesweit bekannten Versandhauses? Aber lassen wir doch diese beiden segensreichen Institutionen, die Flensburg einen Bekanntheitsgrad eingebracht haben, den die Flensburger selbst gar nicht so gerne mögen."*

Frau Hansen konnte nicht mehr an sich halten. „Was'n tumpigen Schnack un kommen mit! Ich szag noch neulichst szu meine Nachbarin – ich szag, szie tun alle rein, als wenn das in Flensburg char nichts anderes chibt ..." „Moment, Frau Hansen, das geht ja noch weiter. Also ... *Denkt man aber bei dem Namen Flensburg nicht auch an schöne Dinge wie Rum, Grog, Teepunsch und Pharisäer, an berühmte Klare und an Räucheraal? Aber Sie sollten sich aufmachen und Flensburg mal selbst kennenlernen ..."*

„Ja, das szag ich auch immer, das szoll ein doch cherne mal. Da komm ich chrade auf szu denken – ein Onkel szu meine Schwiegertochter war letzt Jahr szo schiet szupass un er szollte notwendig szu Kur, un ich szag noch szo szu meine Schwiegertochter, Helga, szag ich ..."

„Bitte Frau Hansen", Peter fing an, leicht irritiert zu werden, und er bereute bereits seinen Entschluss, Frau Hansen mit seinem Flensburg-Porträt zu konfrontieren.

„Ich les lieber erstmal weiter:

Also: Flensburg hat etwas, was es wahrscheinlich von allen anderen Städten unterscheidet und was kennenzulernen sich bestimmt lohnt: Flensburg hat eine eigene Sprache. Ein zwar inzwischen etwas veraltetes, aber dennoch von den Eingeborenen sehr geliebtes Idiom, das Petuhtanten-Deutsch. Das sollten Sie an Ort und Stelle kennenlernen, und ich hätte Lust, es Ihnen als lebendige Sprache zu präsentieren. Aber damit Sie mir auch glauben, dass es damit etwas Historisch-Bedeutungsvolles auf sich hat, will ich Ihnen zuerst etwas aus Flensburgs Geschichte erzählen. "

Frau Hansen wurde nervös: „Ohaueha, wenn Szie da erst auf szustellen szollen, denn kann ich da ja lange chut von haben."

„Frau Hansen, jetzt geht es doch erst los mit dem Petuhtanten-Deutsch, und deshalb möchte ich Ihnen dies doch so gerne vorlesen. Passen Sie auf, mein Brief geht so weiter: *Um Sie aber schon etwas gespannt zu machen – verstehen Sie vielleicht die folgenden Sätze: „Szei szo chut un entschuldige, Bertha konnte nich szu Schule kommen – szie hatte durche Szohlen un abbe Hacken un nichts un wechseln bei das függige Maggeratsch-Wetter."* "

Frau Hansen war jetzt empört: „Herr Bruhn! Mit szon tumpigen Schnack szollen Szie ja nu nich cherne kommen! Das hatte Frau Thomsen doch nur aus Schau cheszagt! Da war das aber auch kein Wetter un jagen ein Hund aus in! Aber das war doch mehr für un machen Narr nach!"

Peter Bruhn fuhr unbeirrt fort:

„ *Oder verstehen Sie diesen Satz: 'Wie kann ich szitzen bei ausses Licht un szue Rollo'n un nähen abbe Knöpfe bei an?'* "

„Ja, ja", sagte Frau Hansen und stand auf, „wem steht das Licht un brennen für? Szeh szu die Rosen von Kollund, was spenden szie fürn Duft – Szeh um Laube, Liebbe, wer ihr hat, der is das szein – all diese alten tumpigen Petuhtantenschnäcke – da kann ein doch bald nich mehr chegenan! Ich szoll mich mal verlangen, um Szie finden in chanz Flensburg noch ein einzigen Menschen, was szo sprechen tut! Da nich für, Herr Bruhn, aber ich szoll nu man doch lieber szehn un kriegen denn erstmal in Szie's Schlafstube die Fenstern cheputzt", und im Hinausgehen schüttelte sie missbilligend den Kopf wie jemand, dem man zumutet, zum dritten Mal den gleichen Witz anzuhören.

Peter fand, er brauchte sie nun auch gar nicht mehr als Zuhörerin, und er schrieb mit Eifer seinen Brief weiter: „ *So wie diese Sätze, die ich Ihnen aufgeschrieben habe, klingt etwa das, was man Petuhtanten-Deutsch nennt. Dazu müssen Sie*

11

unbedingt wissen, dass man das S vor allem vor Vokalen sehr scharf spricht, wie ich es durch die Schreibweise anzudeuten versucht habe. Das Z dagegen wird eher etwas weicher ausgesprochen und nähert sich dem scharfen S fast bis zur Verwechselbarkeit. Das G wird im Mund der Petuhtanten auch weich und freundlich, aber nicht zum J des Berliners, sondern zum CH des Angeliter Platt: ich cheh cherne durch die chanze Stadt.

Natürlich sprechen wir nicht n u r so in Flensburg, es ist sozusagen klassisch und von einem nostalgischen Hauch umweht. Es klingt uns Flensburgern lieb in den Ohren und hat schon manchen Zugereisten zu einem Fragezeichen erstarren lassen. Wir merken es eigentlich erst, wenn wir woanders als in Flensburg sind – wenn uns auf einmal jemand irritiert ansieht und „wie bitte?" fragt. Und eines können Sie mir auch glauben: In Süddeutschland (was für uns gleich hinter Hamburg anfängt) können wir ganz richtiges Deutsch sprechen, aber wenn wir wieder zu Hause sind oder unterwegs einen Flensburger treffen, benutzen wir mit Wonne diese schönen missratenen Redewendungen.

Doch nun zur Entstehung dieser Sprachverwirrung, die eng mit Flensburgs Geschichte verbunden ist. Dass Flensburg an der deutsch-dänischen Grenze liegt, wissen Sie, und sicher haben Sie auch mal im Geschichtsunterricht gelernt, dass es hier Jahrhunderte hindurch zweierlei Meinungen um deutsche und dänische Besitzansprüche gegeben hat. Das Herzogtum Schleswig mit Flensburg als Hauptstadt wurde von Kopenhagen aus mitregiert, denn der dänische König war zugleich Herzog von Schleswig. Als aber zu Beginn des 19. Jahrhunderts überall das Nationalbewusstsein erwachte, wollte man auch hier oben klare Verhältnisse. Es kam zur Schleswig-Holsteinischen Erhebung von 1848, und Dänemark war der Sieger. Ab nun war natürlich der dänische Einfluss in Flensburg und seiner Umgebung besonders stark, und das dauerte so lange, bis 1864 erneut um die Frage des Besitzanspruches Krieg geführt wurde. Diesmal gewannen die Schleswig-Holsteiner, die Preußen und Österreich zur Hilfe gerufen hatten. Sie vertrauten ihr Land Preußen an, und nun hatte also ab

1867 das Deutschtum wieder mehr Geltung in Flensburg. Nun stellen Sie sich mal ein kleines Mädchen vor, das um 1850 geboren wurde. Zu Hause sprach man mit ihr Deutsch, vor allem Plattdeutsch, aber in der Schule musste sie auch Dänisch lernen – sie wurde sogar in vielen Fächern von dänischen Lehrern unterrichtet, die selbst des Deutschen nicht ganz mächtig waren. Deutsch, Dänisch und Plattdeutsch – diese drei Sprachen waren für sie in gleicher Weise Umgangssprache – war es da ein Wunder, dass die Elemente sich mischten und zu einem neuen Sprachbrei zusammenschmolzen?

Und um die Jahrhundertwende, als unser Kaiser noch regierte und die Welt so aussah, als würde sie immer heil bleiben, da war dieses Mädchen nun eine Frau von fünfzig Jahren, ihre Kinder waren groß, der Mann ging noch den ganzen Tag zur Arbeit, ihre Pflichten im Haushalt waren überschaubar, und sie hatte Zeit für sich. Und was tat sie? Sie fuhr Petuh.

Sie kaufte eine Partout-Karte, was auf gut Deutsch Dauerkarte heißt. Heute würde man wohl Netzkarte dazu sagen, und mit der konnte sie für 26 Reichsmark in der Saison zwischen dem 1. Mai und dem 30. September täglich mit einem der Fördeschiffe die schöne Flensburger Förde hinauf- und hinabfahren. Sie konnte jedes Schiff nehmen, und sie konnte überall ein- und aussteigen: in Glücksburg, Sandacker, Süderhaff, Kollund, Gravenstein, Holnis, bis hinauf nach Brunsnis. Denn damals, vor dem Ersten Weltkrieg, waren noch beide Fördeufer deutsch. In diese Jahre fällt die absolute Blütezeit dieser sprachschöpferischen Damen, die den Namen Petuhtanten erhielten von der Partout-Karte, die sie in der Tasche hatten, und die sie zur stärksten Macht an Bord der Fördeschiffe erhob. Sie gehörten zu „Alexandra", „Feodora", „Ernst-Günther" und wie sie alle hießen, wie der Rauch aus deren Schornsteinen und ihr freundlich-mahnendes Tuten bei Ankunft und Abfahrt. Die Petuhtanten beanspruchten ihre festen Plätze, und wehe den Unkundigen oder gar Kindern, die es wagten, sich dort hinzusetzen! „Das is mein Platz Szie szitzen auf!" – und respektlose Zungen behaupten sogar, sie hätten manchmal die Türen zu ihrem Revier zugebunden.

Da fuhren sie nun – die geschichtsbedingte Sprachverwirrung im Kopf, im Paas den selbstgebackenen Kuchen und ihr Strickzeug und überm Arm das Tuch „für wenn es szuchte".
Am Zielort feuerten sie ihre Genossinnen an mit dem Kampf-ruf „Szeh um Laube, Liebbe, wer ihr hat, der is das szein!" ...
Peter Bruhn drehte den vollen Bogen aus der Maschine. Als er neben sich sah, stellte er fest, dass er drei Bogen vollge-schrieben hatte. Mein Gott, das war ja nun wieder über-trieben. Das Mädchen könnte noch auf die Idee kommen, dass er auf ihre kurze Anfrage gleich viel zu großartig ein-steigt – und dabei weiß er es ja besser: es ist das Thema, das ihn so reizt. Immer schon hat er Spaß daran gehabt, ande-ren von Flensburg und seinen Petuhtanten zu erzählen. Nun ja, aber damit es keine falschen Schlüsse geben kann, schreibt er noch auf einem vierten Bogen:
Ja, sehen Sie, liebes Fräulein Weber, so ein umfangreiches Thema wird auf einmal aus dem einfachen Wort ,Petuh-tanten'. Vielleicht können Sie damit für Ihre Arbeit schon allerlei anfangen. Natürlich könnte man Ihnen an Ort und Stelle noch mehr davon erzählen und auch zu hören geben, denn das Idiom ist keineswegs mit den Damen ausgestorben, die es zuerst gebracht haben. Wenn Sie Lust haben, nach Flensburg zu kommen, rufen Sie mich doch an, ich würde mich freuen. Mit ..."
Ja, was nun? „freundlichen Grüßen"?, „herzlichen Grü-ßen"?, „lieben Grüßen"? Ach Schiet, bloß nicht erst anfan-gen, kompliziert zu denken, also *„mit besten Grüßen und gu-ten Wünschen für einen schönen Urlaub – Ihr Peter Bruhn."*

*

Als er auf dem Bahnhof stand, um sie vom Triebwagen aus Westerland abzuholen, reckte er den Hals vergeblich. Kein Karottenkopf. Bis vor ihm ein Mädchen seine Reisetasche absetzte und sagte: „Ich glaube, Sie kennen mich gar nicht mehr, Herr Bruhn."
Natürlich, das war sie ja. Bloß, dass sie keine kurzen roten Haare mehr hatte, sondern lange, blonde. Sie lachte. „Man muss seinen Typ manchmal ein bisschen verändern – finden Sie, dass diese Haare mir nicht stehen?"

Natürlich standen sie ihr – viel besser sogar, denn sie war von der Sylter Sonne knackig braun gebrannt. Auf einmal freute er sich wie ein Schuljunge über diesen Besuch, nahm in die eine Hand ihre Reisetasche, hakte sie mit dem anderen Arm unter und sagte:

„Draußen steht mein Auto. Ich schlage vor, wir fahren erstmal auf einen Kaffee zu mir und erzählen uns was." Draußen guckte das Mädchen sich um: „Wo ist denn Flensburg?"

Peter lachte: „Ja, ja – deswegen sind Sie doch hergekommen, um zu sehen, dass in Flensburg manches ein bisschen anders ist. Das fängt schon am Bahnhof an, aber Sie können beruhigt sein: das andere kommt noch." Auf der Fahrt zu seiner Wohnung in der Knuthstraße konnte er ihr schon ein bisschen zeigen und erklären: das Deutsche Haus, das Kloster, das Rathaus, und sie lachte, als er in der Schützenkuhle in den zweiten Gang schalten musste:

„Ich dachte, hier ist das überall so platt wie an der Nordsee?"

Als er die Wohnungstür aufschloss, sah er gleich, dass Frau Hansen auch da war. Die Badezimmertür stand offen, und ihre stattliche Rückscite war über die Badewanne gebeugt. „Szind Szie das, Herr Bruhn?", rief sie, ohne sich umzuwenden. „Ich bin bange, ich hab hier 'n büschen cheschwullert, aber ich szoll szo cherne szehn un kriegen Szie's Hemde 'n büschen durchchespült!"

„Ja, vielen Dank, Frau Hansen, Sie stören mich gar nicht – ich hab bloß grade meinen Besuch abgeholt."

Dass Frau Hansen sich nun alsbald aufrichten und umdrehen würde, war ihm natürlich klar, und da kam sie auch schon strahlend auf Marlies zu, trocknete sich die rechte Hand an der Schürze ab und streckte sie ihr entgegen, als wären sie gute alte Bekannte.

„Das is ja nett, kleines Frollein, un szehen Szie nun chleich von Natur. Ich hab schon szu Herrn Bruhn chesagt, ich szoll mich doch mal verlangt szein, um das kleine Frollein auch wirklich kommt. Szie szagen ja immer, Szylt szoll szo schön szein, dass ein da char nich wieder von weg will."

„Flensburg ist doch auch schön, Frau Hansen", sagte Peter und schob das Mädchen in sein Wohnzimmer. Dann drehte er sich noch einmal um: „Wir szollen szo cherne 'n chute Tasse Kaffee haben, Liebbe." Frau Hansen lachte breit und gemütlich: „Ohaueha ja, das szolln Szie doch szominn!"

Peter bot Marlies Stuhl und Zigarette an und lachte: „An Frau Hansen werden Sie noch Ihre Freude haben. Sie spricht das Flensburger Deutsch in einer ungebrochenen Überlieferung wie kaum jemand."

Es klingelte an der Etagentür und Frau Hansen rief von draußen: „Lass man, Herr Bruhn, ich mach schon auf!" Und gleich darauf erscholl eine nicht zu überhörende Stimme: „Oh Liebbe, was'n Chlück un Szie szind szu Hause. Ich fehl szo hart 'n Schlatt Milch, konnten Szie wohl szo chut szein un leihn mir 'n büschen?"

„Das kann ich doch szacht, Beste, komm doch ein. Das is doch nichts un schnacken bei aufe Türen, denn szucht das szo."

Man hörte die beiden Damen sich der Küche nähern, und Peter machte ganz leise die Tür auf. „Passen Sie auf, das ist Frau Christiansen aus der ersten Etage. Jetzt haben Sie das große Glück, einem Dialog lauschen zu können, der Ihnen alsbald zeigen wird, wie viele Elemente aus der guten alten Petuhtantenzeit bei uns heute noch in der Umgangssprache lebendig sind. Die beiden sind darin fast perfekt."

Und nun hörten sie auch schon:

„Szon klein Augenblick kann ja nichts schaden", sagte Frau Christiansen, „ich hab heute ein rediges Mittagessen, da kommt das nich szo auf an."

„Kommt Szie's Mann denn nicht szu Hause?"

„Doch, aber ein Kuseng szu ihm is szu Beszuch, szo is er nu bei un szeigen ihm 'n büschen von die Stadt. Er kann ja szonst nich viel ab, der Stackel, ich szoll mich mal verlangen, wann er heute Abend wieder an szu stöhnen fängt mit szeine Leichdörner. Ich bin vermuten, er hat auch wieder durche Szohlen. Ich szag immer: bis du wieder aufer Anstalt szu liegen kommst. Aber er will ja nich hörn."

Peter sah Marlies' fassungsloses Gesicht, in dem Staunen und Lachen bereits um eine Entscheidung kämpften, und ehe sie losplatzte, hatte Peter die Tür leise zugemacht.

„Na, hab ich Ihnen zu viel versprochen?"

„Das darf ja gar nicht wahr sein", lachte das Mädchen, „ich hab überhaupt nicht verstanden, wovon die redeten. Bitte, Peter, fangen Sie gleich an, mir was zu erklären!"

Im Innern registrierte Peter diese wie selbstverständlich klingende Anrede mit Freuden, und er dankte Frau Hansen und Frau Christiansen, dass durch ihre Hilfe der Kontakt so schnell hergestellt worden war.

„Keine Angst, das werden Sie schon lernen. Ich glaube, am besten ist es, wenn ich Ihnen erst einmal einige Besonderheiten erkläre – irgendwie müssen wir ja anfangen. Also – es gibt zum Beispiel, und das ist sehr wichtig, einige Präpositionen, die in Flensburg anders gebraucht werden als im übrigen deutschen Sprachbereich: an, aus, durch, ab, auf, zu und vielleicht auch noch mehr. In Flensburg ist ein abgegangener Knopf ein abber Knopf, ausgeknipstes Licht ist ausses Licht, offene Türen aufe Türen, und geschlossene Fenster sind zue Fenster. Ich finde, das ist eine überaus sinnvolle und vereinfachte Form, sich verständlich zu machen. Und daher kommt auch der alte Petuhtantenschnack: ‚Wie kann ich szitzen bei ausses Licht un szue Rollon un nähen abbe Knöppe bei an', aber das sagen wir nur manchmal so aus Schau."

„Was ist denn Schau?", fragte Marlies.

„In Flensburg hat man Schau gehabt, wenn man Spaß gehabt, wenn man viel gelacht hat."

„Dann möchte ich noch wissen was die andere Frau eigentlich leihen wollte – einen Schlatt oder so – was ist das?"

„Ein Schlatt", lachte Peter, „das ist ein – meist flüssiger – Rest. Frau Christiansen wollte bei Frau Hansen einen Schlatt Milch leihen, das heißt, ein bisschen Milch. Da will ich Ihnen schnell mal eine niedliche Geschichte erzählen: als einst die Kaiserin Auguste Victoria Flensburg besuchte und in der Diakonissenanstalt Kaffee trank, wurde sie genötigt, doch noch ein bisschen Kaffee mehr zu trinken. Sie dankte aber hoheitsvoll. Da sagte die Diakonisse zu ihr: ‚Krieg man noch'n Schlatt, Majestät!'"

Es hatte geklopft, und Frau Hansen erschien auch schon im selben Moment mit einem Kaffeetablett. Sie hatte offenbar die letzten Sätze von Peters Erzählung mitgekriegt, denn sie sagte, während sie die Tassen hinstellte: „Ja szünde, was haben die wohl alle Narr chemacht nach die kleine Dickenisse."

„Narr gemacht?", fragte Marlies.

„Ja, kleines Frollein", sagte Frau Hansen und schenkte die Tassen voll, „wir machen Narr nach ein, wenn wir über ihn lachen tun, wenn wir beichehn un lachen ihn aus."

„Aber jetzt hab ich schon wieder was nicht verstanden – was war an dieser Geschichte denn eine Sünde?"

Frau Hansen verstand erst nicht, aber dann war in ihrem Gesicht ein deutliches Dämmern zu bemerken und sie strahlte: „Ach, Szie meinen, was ich hab cheszagt, das war Szünde für die Dickenisse?"

Peter wollte nicht, dass sich der Dialog zwischen den beiden Damen, die offensichtlich Gefallen aneinander fanden, zu sehr unter Ausschaltung seiner Person entwickelte, daher griff er rasch ein.

„Das müssen Sie überhaupt als Erstes lernen, Marlies, dass der Flensburger ein sehr scharfes S spricht, das hab ich Ihnen ja auch schon geschrieben. Ja, und wenn man hier aus tiefstem Herzen ‚Szünde' sagt, dann gedenkt man nicht etwa seiner Missetaten, nein, es tut uns etwas von Herzen leid. ‚Wie szünde' ist dabei ein stärkerer Ausdruck menschlichen Mitempfindens als ‚was schade!'. Was schade ist es, wenn eine gute Sammeltasse kaputtgegangen ist, aber ‚wie szünde' sagen wir, wenn jemand die Treppe heruntergefallen ist."

Marlies lachte los: „Aber das kann doch nicht Ihr Ernst sein! Dann könnten Sie ja ungefähr sagen – warten Sie mal – wenn ich krank wäre und im Krankenhaus läge, das wäre eine Sünde?"

„Nein, Liebbe, denn szo szagte ich: ‚Wie szünde für szie un liegen schon wieder aufer Anstalt!'"

„Was denn für eine Anstalt?"

„Naja", sagte Frau Hansen, „wolln mal szagen aufer Anstalt bei die Dickenissen oder meinswegen auch inne Franzisko."
Peter schaltete sich erneut ein: „Frau Hansen meint die Diakonissen-Anstalt oder das Franziskus-Hospital." Er fand, Frau Hansen stand schon viel zu lange bei ihnen herum, aber sie machte gar keine Anstalten, sich zu empfehlen.

„Hatten Szie das vielleicht auch nich verstanden? Ja, ein kann doch chleich merken, um ein is aus Flensburg. Ich werd das nu schon chewahr – das is ja 'n sziemlichen Mars un verklarn ein das alles, nich?"

„Ja, das ist es", sagte Peter etwas genervt, „und sicher dürfen wir noch manchmal bei Ihnen nach der einen oder anderen Bedeutung fragen."
Zum Glück klapperte draußen Frau Christiansen unüberhörbar mit der Kaffeetasse.

„Oh Beste, ihr hatte ich doch bald chanz verchessen! Ich hab ja eichentlich kein Szeit un schnacken szo viel, aber die Stackelsfrau is ja szo Schiet szupass!", und raus war sie.

„Die find ich prima", sagte Marlies, „der könnte ich stundenlang zuhören, obwohl ich gar nicht alles verstehe. Ich werd mir mal lieber Zettel und Bleistift hinlegen, damit mir nichts verlorengeht. Eins habe ich aber behalten, wonach ich unbedingt fragen wollte: wer ist Mars?"

„Das ist ein Wort, das sich mit Sicherheit aus dem Dänischen ableiten lässt (du redest richtig wie son Schulmeister, dachte Peter und war wütend auf sich). Mars heißt im Dänischen Mühe – also das Wort hat bei uns keine kriegerische Bedeutung – der Flensburger hat Mars, wenn er sich abmüht."
Von draußen war nun wieder lebhaftes Geschnatter zu hören.

„Können wir nicht bitte noch etwas zuhören?", fragte Marlies geniert.

Peter war schon aufgesprungen „Da haben die bestimmt nichts gegen."

Marlies lachte ein bisschen. „Peter, Sie sind süß."

„Wieso?" Peter bemerkte zu seinem Ärger, dass er rote Ohren kriegte.

„Sie merken gar nicht, dass Sie selber oft so sprechen." Und ohne dies näher zu begründen, stellte sie sichtbarlich ihre ganze Aufmerksamkeit auf das Gespräch ein, das laut und deutlich aus der Küche erscholl.

„Ach Liebbe, ich bin szo schiet szupass", klagte die Nachbarin.

„Wie szünde, was is denn?" Frau Hansen war ganz teilnahmsvoll. „Szie szehen auch orntlich 'n büschen ring aus. Lass uns man szehn un kriegen 'n Tasse Kaffee. Ich kuckte schon, um ich noch hatte 'n Schlatt über, aber wir szolln szominn kein Aufcherummelten haben. Ich cheh schnell bei und schenken frisch auf."

„Ach", kam wieder die klagende Stimme von Frau Christiansen, „ich bin szowieszo 'n büschen dingelig – ich szüssel den chanzen Morgen szo rum, un nu fällt mir doch meine Eule aus'n Fenster! Ich mars mich schon meist 'n Stunde ab un kriegen es wieder ein."

„Ohaueha, mein Szüsse, das is mein Szeel ein Aggewars! Un denn wo Szie immer szo pük szind!"

„Das szag man – un was schade! Es war ein chanz neuer ein! Ich hatte schon mit'n Leuwagen verszucht, aber es wollte nich an szu rutschen fangen. Frau Henningsen, szie war ja unten un hing Hemde auf, aber ich mochte ihr nich anszinns szein un klettern auf."

„Meine Güte", sagte Marlies ganz ergriffen, „das ist ja fabelhaft. Aber das krieg ich so schnell ja gar nicht mit! Wieso ist der Frau eine Eule aus dem Fenster gefallen? Und mit was für einem Wagen wollte sie die Eule wieder einfangen?"

Sie hatten gar nicht bemerkt, dass Frau Hansen wieder hereingekommen war.

„Ich hab nochmal frisch aufcheschenkt. Szoll es noch 'n büschen Kaffee szein? – Haben Szie chehört, was Frau Christiansen für 'ne schunzige Cheschichte erzählt hat? Die tühnt szich mennigmal was szurecht! Da szolln Szie man cherne 'n büschen szuhörn, denn szie schnackt noch richtig szo tumpig, un da wolln Szie ja was von lern'n, nich mein Deern?"

„Ja, stört Sie das denn nicht, wenn wir zuhören?", fragte Marlies.

„Da nich für, wir haben doch keine Cheheimnissen – ich lass die Tür 'n büschen auf Schlemm" – und gerade als sie rausgehen wollte, fiel ihr wohl noch was ein: „Aber da muss ich doch richtig über lachen: die Eule, Frau Christiansen schnackte von, is doch keine Eule, was fliegen tut – 'n Handeule, mein Deern!"

„Hand-Eule?"

„Ja, szon kleinen Besen szu un nehmen Schiet mit auf, was ein szuszammenchefegt hat."

Peter sah, wie das Mädchen sich bemühte. „Zu – und – nehmen Schiet – mit auf? Ach, ich verstehe, um Schmutz aufzunehmen, ein Handfeger!"

Peter fand, er wäre nun auch mal wieder dran.

„Gut, Marlies! Und der Wagen, mit dem sie versuchte, den Handfeger aus der Regenrinne wieder herauszubefördern, ist kein gewöhnlicher Wagen, sondern ein Leuwagen, das heißt, ein Schrubber, ein Aufnehmer."

„Ein was?", lachte Frau Hansen, „Aufnehmer – szon tumpiges Wort hab ich noch nie für Leuwagen chehört." Und kopfschüttelnd ging sie.

„Die bringt mich ganz durcheinander mit ihrem Gesabbel", brummte Peter vor sich hin, „das ist nämlich gar nicht so einfach und finden immer gleich das richtige Wort."

„Stop", rief Marlies, „da hab ich Sie auch ertappt! Genau das will ich nämlich erklärt bekommen. Das kommt ja fast in jedem Satz vor – diese Satzkonstruktion mit ‚und‘"!

„Da können Sie mal sehen – diese Frau Hansen kann sogar einen Lehrer durcheinanderbringen! Sie haben aber etwas ganz Wesentliches bemerkt. Das Wort ‚und‘ ist wohl das unentbehrlichste Wort in der Flensburger Grammatik. Denn es ist ja nicht nur so, dass die Petuhtanten ihre besonderen Ausdrücke kreiert haben, sie haben in erster Linie ihre eigene Grammatik und Satzstellung, eben weil sie auch hier deutsches und dänisches Sprachgut vermengen – und das macht es für einen Unkundigen so schwierig.

Also: das Wort ‚und‘ ersetzt den Infinitiv mit ‚zu‘ und ‚um zu‘. Wenn ich versehentlich sagte, es wäre nicht so einfach und finden immer gleich den richtigen Ausdruck, so habe ich natürlich gemeint, es sei nicht einfach, den richtigen Ausdruck zu finden. Erinnern Sie noch den Satz, den ich Ihnen in meinem Brief schrieb? Sei so gut und entschuldige – sei so gut, værsgo ist dänisch und heißt bitte – also bitte zu entschuldigen, Bertha konnte nicht zu Schule kommen, sie hatte durche Sohlen und abbe Hacken – das verstehn Sie ja jetzt, nicht? – un nichts un wechseln – d. h. nichts um zu wechseln – bei das függige Maggeratsch-Wetter. Lassen Sie mich das auch gleich erklären: függen tut es zur Zeit Gott sei Dank nicht, denn dann bleibt man lieber zu Hause. Ein richtiger Függ ist ein Schneetreiben, bei dem der Schnee vom Sturm zu hohen Verwehungen – Függen – gejagt wird, und Maggeratsch entsteht, wenn es längere Zeit geregnet oder geschneit hat, und der Boden sich breiig verändert. Kinder lieben diese Konsistenz besonders, Mütter weniger. Szeh, un da is das denn auch immer chut für un haben Überschuhe an."

„Hilfe", lachte Marlies, „dieser Satzbau mit ‚und'. Es gibt ja wohl keine Gelegenheit, das auszulassen!"

Peter blieb in seinem Tonfall: „Wofür szagen Szie denn nu nich: kein Chelegenheit un lassen das aus?"

„Mensch, Peter, Sie können das ja genauso gut wie Frau Hansen! Können denn alle Flensburger so sprechen?"

„Och, wenn szie da Szinn für haben, denn szollen szie das szacht können."

„Na denn", sagte Marlies mit einem tiefen Seufzer, „denn will ich man versuchen, es zu lernen."

„Nein", ging Peter gleich dazwischen, „ich will szehen un lernen mir das."

„Sie sind doch ein richtiger Schulmeister! Sünde über mich!"

„Wieder verkehrt – Szünde für mich muss es heißen. Und was hatte ich Ihnen über das scharfe S gesagt?"

Statt einer Antwort streckte sie ihm ein bisschen die Zunge heraus und sagte dann: „Ach Peter, soll ich es nicht lieber aufgeben?"

„Nein, das szollen Szie chanz chewiss nich", lachte Peter, „aber Szie szollen cherne nu mal wieder Frau Hansen und

Frau Christiansen zuhören. Un denn szollen Szie man beichehn un schreiben alles 'n büschen auf, wo Szie nich klug
aus werden. Szelber Schuld! Was auch 'n Idee un kommen
auf un lernen Petuhtantendeutsch, wenn ein kommt aus
Mülheim an der Ruhr!"
Draußen war das Gespräch noch in vollem Gange. Frau
Christiansen hatte offensichtlich ein nicht zu bremsendes
Bedürfnis, sich zu erleichtern, und sie hatte ihre anfangs etwas wehleidige Stimme nun wieder fest im Griff.
„Beste, wir kamen chanz ab wir schnackten von. Mein Stahoi mit die Eule! Ich war schon chanz öhmig in mein Rücken von das viele Abmarsen, da cheht doch unten mein
Kuseng vorbei! Ich szeh ihn chrade noch aufen Rücken un
prahl nach ihm – da fällt doch die Eule runter und dem Stackelsmann chrade auf 'en Kopf! Ohaueha, was hab ich mich
verjagt! Frau Henningsen szie szagte auch, szie wurde chanz
schlecht von es! Abers szum Chlück war szein Hut ein
chanz alter ein, un ich hab noch ein szu liegen von mein
Mann, den szoll er nun cherne haben."
„Beste, wie leicht hätte da was mallörn können!" Frau Hansens Stimme klang ganz erschrocken, steuerte dann aber mit
verändertem Tonfall auf ein anderes Thema zu. „Wo Szie
chrade szagen von Frau Henningsen – hat ihre Tochter eichentlich schon was Lüttes?"
„Ja, nu szolln Szie mal hörn." Frau Christiansen ließ sich mit
Freuden auf ein anderes Gleis rangieren. „Ich wollte chestern chrade an zu nähen fangen, da kommt doch dieser tos-
sige Mann un prahlt durchn chanzen Treppenhaus: ‚Frau
Christiansen, Frau Christiansen, wir haben was Kleines!'
Ich szag, ‚ach Chott', szag ich, ‚wie szöt! Wann kam Szie's
Frau denn hin nacher Anstalt? Ich bin das ja char nich chewahr cheworden.' Ich szag, ‚is es ein Junge?' ‚Nee', szagt er.
Ich szag ‚Ein Mädchen?' ‚Erraten!', szagt er. Was'n Pjatt,
nich? Ich szag, ‚wie szoll szie denn heißen, die Kleine?' Er
szagt ‚Manuela', szagt er."
„Manuela?", wiederholte Frau Hansen langgezogen.
„Ohaueha, was'n tumpiger Name un cheben szon Stak-
kelskind!"

„Das szag man", stimmte Frau Christiansen wieder ein, „das szind überhaupt so trarige Leute. Letzt bei das schreckliche Reechenwetter ..."

„Oh schweig still davon!", unterbrach Frau Hansen, „das war ja kein Wetter un jagen ein Hund aus in! Ich war chrade los mit'n Paas nach'n Markt für un kriegen 'n büschen Szuppenkraut szu frische Szuppe – ich war ja in'n Koschtüm los, kein kommt denn auch auf szu denken, dass wir szollten szoviel Kälte haben in'n Juli?"

„Ohaueha, da bin ich immer bange für. Bei uns is das doch oft in'n Hochszommer nix für ohne Mantel. Aber wir kamen chanz von ab ich szollte erzählen von Elfriede Henningsen ihrn Mann."

„Ja, da komm denn nu man mit über, Liebbe", forderte Frau Hansen eine neue Geschichte heraus.

Marlies saß wie gebannt und vergaß, sich Fragen aufzuschreiben. Peter konnte ihrem konzentrierten Gesicht ansehen, dass sie sich darum bemühte, alles mitzukriegen, und ab und zu sah sie lachend kurz zu ihm hin. Er kam sich direkt gönnerhaft vor, weil er mehr verstand als sie, und er fühlte sich bereits in der Rolle des Erklärenden, des Mentors, recht behaglich.

Die Unterbrechung des Gesprächs in der Küche hatte nur so lange gedauert, wie man etwa braucht, um drei Schluck Kaffee herunterzuspülen, dann ging es weiter.

„Ach ja, dieser Pjatt von Meyer", war Frau Christiansen wieder dran, „er szoll ja aus Süddeutschland szein, Kassel oder szo, ich kann ja chanz chut mit ihm um, mein Tochter kann ihn ja char nich verknusen. Ich kenn ja szeine Frau von klein auf an, szie ching ja mit Ursela szuszammen aufer Mittelschule. Na, ich war bei den vielen Reechen chrade bei szu nähen, da kommt er doch un will mein' Nähmaschine leihen! Ich mein, nich dass ich auf was hausen tu, aber das is doch keine Art un fragen nach 'er Nähmaschine, wenn ein szieht, dass ein is bei un nähen!"

Frau Hansen war ganz ihrer Meinung. „Das szag man – was ein Gedanke un kommen auf!"

Aber dann war Stühlerücken zu hören. Frau Christiansen

brach offenbar auf. Während Frau Hansen sie zur Etagentür brachte, fragte Peter:

„Haben Sie dies Mal mehr verstanden?"

„Nee", sagte Marlies, „aber ich find es so lustig, ich hab ganz vergessen, alles aufzuschreiben, wonach ich Sie fragen wollte. Mal sehen", und sie zog ihren Notizblock heran, „haben die sich versprochen, oder sagten sie Hemde?"

„Ja, so ein paar Absonderlichkeiten, die man schwer erklären kann, gibt es immer wieder anzumerken. Hier bildet man den Plural von ‚Hemd' eben anders als üblich. Ebenso wie man jedes ‚st' deutlich im Staccato nach gut norddeutscher Art spricht, wie S-tuhl, S-tein usw. – das kennen Sie ja – macht man bei allen Fremdwörtern aus unerfindlichen Gründen hiervon eine Ausnahme, man sagt Koschtüm, Induschtrie, Illuschtrierte usw. Und vielleicht werden Sie sich auch gewundert haben über den Imperfekt von ‚hängen'. Überall sagt man ‚ich hängte meinen Mantel auf' bzw. ‚mein Mantel hing im Schrank' – in Flensburg jedoch sagt man ‚ich hing' für beides."

„Ja, sowas habe ich mir auch ganz zu Anfang mal aufgeschrieben", bemerkte Marlies, „hier – ein Onkel zu ihr, das ist doch auch merkwürdig, nicht?"

Es klopfte, und Frau Hansen war auch schon drin.

„Ich wollte man bloß szehen un kriegen die Kaffeetassen noch schnell abchewaschen, denn ich szoll szo notwendig noch afsteh." Und mit fröhlichem Klappern stellte sie alles auf ein Tablett.

Marlies hatte sich nicht unterbrechen lassen: „Und dass es im Genitiv nicht ‚Ihr Haus' und ‚Ihre Frau' heißt, sondern ‚Sie's Haus' und ‚Sie's Frau'."

Frau Hansen staunte: „Was Szie alles auf kommen tun! Ich bin es noch nie chewahr cheworden, dass wir szolln szo chediegen sprechen!"

„Doch bestimmt, Frau Hansen", lachte Marlies, „in jedem Satz, den Sie sagen, kommt was vor, was ich nicht verstehen kann."

„Szünde – aber da kann ich nichts für!"

„Na, was meinen Sie, Marlies", fragte Peter, „Sie haben doch nun schon eine ganze Menge gelernt – wollen Sie nicht mal versuchen, einen Satz zu bilden?"

„Ja man los, Liebbe!" Frau Hansen war ganz begeistert, „versuch man mal un chehen da bei."

Marlies sah zuerst etwas ratlos aus, und dann fing sie langsam an: „Bei – aufen Türen – war es kein Mars – und verstehen – Szie's Gespräch."

Alle drei mussten lachen, Marlies sank erleichtert zurück. Peter kam sich vor wie Professor Higgins, und Frau Hansen ging lachend mit dem Tablett hinaus und wiederholte: „Bei aufe Türen war es kein Mars un verstehen Szie's Chespräch, ohaueha, was'n Aggewars un verklarn ein das alles!" Dann kam sie aber noch einmal zurückgeschossen: „Was ich noch szagen wollte: Frau Thomsen und Frau Petersen kommen morgen Nachmittag szu mir szu'n Tasse Kaffee, un da wollte ich Szie beide cherne szu einladen. Ich hab mir chedacht, da kann das kleine Frollein doch chleich wieder'n Masse szu hören kriegen für szie's Szammlung."

„Oh, das find ich prima, Frau Hansen, vielen Dank!" Marlies war ganz begeistert, und auch Peter musste einsehen, dass ihr so ein Kaffeeklatsch wahrscheinlich viel mehr Spaß machen würde als seine Erklärungen.

*

Den Nachmittag verbrachten sie bei einem ausgedehnten Bummel durch Flensburg, und abends waren sie zum Essen in der Marienhölzung. Als er sie im Hotel abgeliefert hatte und nach Hause ging, war Peter mit diesem Tag eigentlich sehr zufrieden. Er hätte sie zwar morgen lieber für sich gehabt, aber was half es – sie war ja wie elektrisiert vom Petuhtantendeutsch. Immer wieder hatte er ihr beim Essen Kostproben davon liefern müssen, und sie hatte ein paar Mal so gelacht, dass sie sich fast verschluckt hätte. Drei Tage wollte sie bleiben, damit konnte er doch ganz zufrieden sein. Er fing auf einmal an zu rennen und sprang hoch, um dem Firmenschild vom Milchmann eins zu versetzen ...

*

Als es von St. Marien vier schlug, stand Peter vor seiner eigenen Wohnungstür und klingelte. Er hatte einen Blumenstrauß und sie einen Kasten Schokolade. So hatte sie es bestimmt, denn sie hatte gesagt, es wäre überhaupt kein richtiger Kaffeebesuch, wenn man nur über den Flur von seinem Zimmer in ihr Zimmer gehen würde. Frau Hansen machte auf, sie hatte ihr Bestes an – „Schapptüch", dachte Peter. Das wollte er Marlies nachher erklären. Frau Hansen freute sich über die Blumen und die Pralinen, aber ganz besonders über den Auftritt.

„Was'n Schau, Szie kommen richtig szu klingeln! Das's doch 'n annern Schnack als wenn ein kommt szu täglich übern Flur chekötert."

Marlies kniff Peter ganz leicht in den Arm: „Was hab ich gesagt?"

Frau Hansen hatte die Tür zu ihrem Zimmer schon aufgerissen: „Nu szei szo chut! Frau Petersen is schon da."

Peter kannte Frau Hansens Freundinnen natürlich schon lange, und nun stellte er Marlies vor. Frau Hansen tat das Ihre noch hinzu:

„Das is das kleine Frollein, wir sprachen letzt über. Szie is bei un lernen 'n büschen Petuhtantendeutsch."

„Na", sagte Frau Petersen mit dieser unvergleichlichen Betonung, bei der sich Frage und Ausrufung die Waage halten müssen, will man die ganze Skala der Ausdrucksmöglichkeiten dieser kleinen Silbe nutzen.

„Wo szoll das denn chut für szein?" Marlies wurde einer Antwort enthoben, denn es klingelte.

„Ach, da kommt bestimmt Frau Thomsen", und schon war Frau Hansen an der Tür. „Wo bleiben Sie doch ab, Beste? Nu szei szo chut un komm ein."

Während Frau Thomsen ihren Hut abnestelte, sagte sie: „Szie szollen auch vielen Danke haben für Szie's Einladung."

„Da nich für, dascha nich mehr wie das un stellen da'n büschen auf szu."

Frau Thomsens imponierende Gestalt erschien auf der Schwelle, und nachdem Peter Marlies abermals vorgestellt

hatte, wuchtete sie sich neben Frau Petersen ins Sofa.
„Moin, mein Beste! Ich freu mich richtig un szehen Szie!
Nu war ich doch die Letzte was kam, un dabei hatte ich
szon Traffel un kommen szu Szeit, ich wurde schon chanz
wild in die Szeiten! Das is mennichmal nich un halten aus
mit mein Untermieter! Er war doch wieder bei szu szüsseln
chewesen inner Küche un hatte szo cheschwullert, dass ich
noch beichehn musste mit'n Feudel, wo ich doch szollte szo
notwendig afsteh! Immer wenn ein das szo hilde hat!"
Marlies flüsterte Frau Hansen, die neben ihr Platz genom-
men hatte, zu: „Darf ich jetzt schon mal was fragen?"
„Ja, gerne doch, mein Deern!"
„Ich habe wieder eine ganze Menge Wörter nicht verstanden. Was ist Traffel, was schwullern, süsseln und was ist ein
Feudel?"
Und ehe Frau Hansen erklärend den Mund öffnen konnte,
war Peter schon am Start:
„Halt, halt, nicht alles auf einmal", lachte er, „fangen wir mit
dem Wort Traffel an. Gestern habe ich Ihnen Mars und ab-
marsen erklärt. Drei ähnliche Begriffe müssen Sie in diesem
Zusammenhang unbedingt noch kennenlernen: Aggewars,
Stahoi und Traffel. Frau Hansen, können Sie erklären, wann
man zum Beispiel Stahoi sagt und wann Mars?"
„Das szoll ich doch szominn cherne! Pass auf, mein Deern:
Frau Petersen hatte Traffel un kriegen ihre vollcheschwul-
lerte Küchendiele aufchefeudelt, eh dass szie konnte los-
kommen. – Letzt gab das bei uns in'n Treppenhaus ein
chroßen Stahoi, als Jakobsens bei szu flütten waren. – Das
heißt ‚umziehen‘, mein Deern. – Mars kennen Szie schon –
wir haben viel Mars un verklaren Ihnen unser Flensburger
Deutsch. – Ein bösen Aggewars is das un finden alle Steck-
nadels wieder, wenn ein war bei szu nähen."
Peter musste über eine so prompte Bedienung lachen. „Vielen Dank, Frau Hansen, das war Klasse! Haben Sie die
Unterscheidungen bemerkt, Marlies? Also, ich würde sagen,
Traffel hat etwas mit Arbeit und etwas mit Eile zu tun und
trifft im Grunde genau die Kombination dieser beiden eh-
renwerten Substantiva. Stahoi bedeutet Unruhe, vielleicht

würde man im modernen Sprachgebrauch Stress-Situation dazu sagen. Mars ist, wie gesagt, Mühe, und Aggewars – das ist Mühe mit ziemlichem Umstand verbunden. Das sind jedoch sehr feine Unterscheidungsmerkmale. Sie können diese Begriffe auch austauschen. So hätte Frau Thomsen auch von Stahoi oder Mars reden können, den sie hatte, als sie ihre Küchendiele feudeln musste. Stimmt's, Frau Thomsen?"

„Akkerat, Herr Dokter!"

Frau Thomsen hatte ihn vom ersten Tag an Herr Dokter genannt, und er hatte sich abgewöhnt, sie zu verbessern.

„Ja – aber was ist das denn – feudeln?", fragte Marlies. Die drei Damen sahen sich kichernd an.

„Kleines Frollein", sagte Frau Hansen dann, „nu szoll ich mich mal verlangen, wo Ihr szu Hause mit reinmachen tut. Szie kennen keine Eule und keinen Leuwagen, nu auch keinen Feudel, szag bloß, Szie wissen auch nich, was ein Fahrtuch ist?"

Peter sprengte dem Fräulein sofort ritterlich zur Seite. „Nein, das weiß Fräulein Weber sicher nicht. Ein Feudel ist ein Wischlappen für nasse Fußböden, feudeln bezeichnet die dazugehörige Tätigkeit, und ein Fahrtuch ist ein feuchtes Wischtuch für alle anderen Gelegenheiten, wo es was zu wischen gibt. Aber wie ist es, Marlies, trauen Sie sich zu, mal wieder einen kleinen Satz zu bilden? Das ist nämlich wichtig für Fräulein Weber", wandte er sich an die beiden Damen im Sofa, „sie braucht das für eine wissenschaftliche Arbeit." Und aus beiden Mündern erscholl fast zugleich das ausdrucksvolle „Na!"

Marlies fühlte sich in dieser Runde offensichtlich wohl, denn sie begann sofort: „Ich will es versuchen: sie muss – Moment – sie muss sich marsen und feudeln ihre Küche auf." Triumphierend sah sie in die Runde.

„Das hat szie szochott chut inner Reihe chekriegt! Nur dass ein szich abmarsen tut, nich marsen. – Aber ich chlaub, wir szolln nu erstmal Kaffee haben. Frau Thomsen und Frau Petersen werden szonst noch chanz wild in die Szeiten! Un wir können ja likers da noch weiter von schnacken. Was hatten Szie denn noch aufcheschrieben, mein Deern?"

„Süseln", sagte Marlies zaghaft. Wieder kicherten die drei Damen.

„Da meint szie szüsseln mit", meinte Frau Thomsen zu Frau Petersen, und dann zu Marlies: „szüsseln is, wenn ein das hilde hat."

„Ich werd Ihnen das erklären, Marlies." Peter wollte sich nicht alles aus der Hand nehmen lassen. „Süsseln ist geschäftige Tätigkeit im Haushalt, aber man kann auch im Garten süsseln, man kann mit Kindern süsseln – es handelt sich aber wohl in erster Linie um eine weibliche Beschäftigung. Bei einem süsselnden Mann hingegen stellt man sich eine gewisse taperige Ungeschicklichkeit vor. Richtig, meine Damen?"

„Akkerat, Herr Dokter!"

„Und was ist hilde?"

„Das ist ja auch im Plattdeutschen gebräuchlich, es heißt eilig. Und haben Sie sich nicht über das hübsche ‚wild in den Seiten' gefreut? So sagt man bei uns, wenn man so allgemein etwas durcheinander gekommen ist, und wenn man sich nur in der Zeit geirrt hat, sagt man ‚wild in die Zeiten'".

Frau Hansen war nun erst dazu gekommen, den Blumentopf auszupacken, den Frau Thomsen mitgebracht hatte.

„Beste, nu szeh, was'n schöne Cheranie! Da szoll ich mich doch verlangt szein, um Szie die haben szelbst cheszüchtet?"

„Dascha nich mehr wie das, Liebbe, da is doch nichts bei", wehrte Frau Thomsen bescheiden ab.

„Oh, szag das nich, meine wollen szo leicht rott werden. Ich szoll notwendig nach der Hölzung, ich fehl szo hart 'n büschen Erde un tun szie ein. Aber Szie haben ja auch immer diese schönen Szirenen, Frau Thomsen – was spenden die immer fürn Duft!"

Frau Hansen lachte: „Nee doch, szagen Szie spenden szu täglich?"

Und damit ergriff sie eine Kuchenplatte und reichte sie Frau Petersen. „Nu szei szo chut!" Die Damen waren offensichtlich entzückt.

„Nee, was wieder schöne Traktemente, Beste! Szelbst chebacken? Mit Chest? Da kann ja szo char nich mit um."

„Ich back ja cherne mit Chest, das is nich szo schleu un bleibt likers schön frisch. Un is ja auch nich teuer. Mennigmal krieg ich bei mein' Bäcker 'n büschen Chest aufszu. Un ich back ja szu un szu cherne! Is doch immer nett un haben un schneiden von, wenn ein kriegt Fremde, nich?"
Frau Thomsen fuhr auf einmal in die Höhe. „Oh, Frau Petersen, is das Szie's Paas, ich kam auf szu szitzen?"
„Da is ja nichts bei, Liebbe, das is man ein alter ein, was schon auftrauelt. Ich szoll szo notwendig szehen un kriegen Garn szu ein neuer, aber ich hab ja szo Maleschen mit meine Leichdörner, ich komm rein gar nich szu Stadt."
Marlies zupfte Peter am Ärmel. „Ich komm schon wieder nicht mit. Was sind Traktemente, was ist Chest und was sind Leichdörner? Und vor allen Dingen, was sind das wieder für schrecklich verdrehte Sätze? Ich wollte Frau Hansen nicht gleich wieder unterbrechen, aber sie sagte: ‚Wir sollen Kaffee haben', und dann bin ich über dies ‚sollen' noch mehrmals gestolpert."
„Ja", sagte Peter, „dies ‚sollen', das natürlich mit einem scharfen S gesprochen werden muss, ist ebenso ein wichtiger Teil aus der Flensburger Spezialgrammatik wie das ‚und'. Sollen steht für ‚möchten', ‚müssen', ‚brauchen', erleichtert aber auch die Bildung des Futur. Zum Beispiel: ‚Heini szoll Ostern konfirmiert werden.' Sie werden in vielen Flensburger Geschäften von freundlichen Verkäuferinnen zur Eröffnung des Verkaufsgesprächs angeredet mit ‚was szoll es szein?' und ebenso können Sie als Antwort hören: ‚Szoll ich ein Brot haben?' – ‚Ich szoll notwendig' heißt ‚ich muss dringend' und ‚ich szoll gerne' meint ‚ich müsste eigentlich'. Hier sagt man auch am Ende eines Aufenthalts im Gasthaus ‚Ober, szoll ich zahlen?' und niemand denkt sich etwas dabei. Aber Sie können sich vorstellen, wie merkwürdig woanders Kellner darauf reagieren. Und nun zu Ihren anderen Fragen. Traktemente, das ist, was wir anbieten, wenn wir Besuch haben oder wie Frau Hansen es liebevoll nannte, wenn wir Fremde haben. Gest ist Hefe. Übrigens, das G wie CH auszusprechen, das haben wir von den Angelitern übernommen, deren Plattdeutsch natürlich

nicht nur in Angeln, sondern auch in Flensburg gesprochen wird."

Marlies fragte weiter: „Und Paas? Hat das etwas mit dem Pass, dem Personalausweis zu tun?" „Nein gar nicht. Einen Paas nennt man in Flensburg jede Art von Beutel – vom kleinsten feinsten Abendhandtäschchen in Beutelform bis hin zum geräumigen Einkaufspaas – ach, ich meine natürlich Einkaufstasche. Es gibt Paasen aus Leder, aus Stoff, und natürlich selbstgehäkelte. Darum sprach Frau Petersen von ihrem Paas, der auftraulte, das heißt, der anfing, sich aufzulösen."

„Und wieso duften Sirenen in Flensburg?" „Syringen, Marlies, Syringen. Ja, und Leichdörner sind Hühneraugen."

Die drei Damen hatten voll Interesse das Gespräch verfolgt, aber bei diesem Wort hielt es Frau Thomsen nicht mehr: „Ohaueha, Leichdörner, da kann ich ein Lied von szingen!"

„Frag doch mal Frau Nielsen, szie wurde doch so chut cheholfen, ich weiß nich mehr mit was – aber Beste, krieg doch bloß die Schuhe aus!"

„Oha ja, vielen Dank", und Frau Thomsen kam der mitleidigen Aufforderung auch gleich mit viel Ächzen und Stöhnen nach.

„Ah, das tut richtig chut! Mennichmal is das nich un halten aus mit!"

Frau Hansen reichte ihr zum Trost eine Schale mit kleinen Kuchen. „Lang da man bei, Liebbe, krieg noch'n Plättchen, die drücken szich doch szo weg."

Frau Petersen langte an Frau Thomsen vorbei. „Haben Szie die wieder chebacken? Da bin ich richtig immer lecker auf! Konnte ich da nich mal das Verhältnis von kriegen?"

„Ach, da bin ich szonst eigen mit. Ich kann das nich ab, wenn ein kriegt denn an alle Stellen ein und dieszelbigen Plättchen."

„Das szag man, da will ich Szie denn auch nich anszinns mit szein. Die dare Frau, szie szaß bei uns, als wir letzt waren los szu Szonderburg, wo ich hatte mein Platenkuchen mit, szie blieb ja auch bei – da kann un kann ich nich chegenan! Szo gab ich szie ein büschen ein verkehrtes Verhältnis – nu szoll ich mich mal verlangen, wie szie damit zuchange kommt!"

Die Damen stimmten von Herzen in Frau Petersens etwas schadenfrohes Gekicher ein.

„Darf ich schnell was dazwischenfragen?", wandte sich Marlies leise an Peter, „wer hat denn nun mit wem ein Verhältnis? Erst sprachen die Damen von Kuchen und auf einmal von einem Verhältnis – das hab ich nicht verstanden." Das Kichern der Damen nahm zu, und Frau Petersen musste ihrer Nachbarin auf dem Sofa den Rücken klopfen, weil die sich verschluckt hatte.

Frau Hansen nahm Marlies' Hand und lachte: „Mir deucht, die Stackelsdeern hat schwer un verstehen uns. Liebbe – Verhältnis, da meinen wir doch Rezepten mit!"

Marlies hatte es nicht so gerne, wenn auf ihre Kosten gelacht wurde, denn es klang fast ein bisschen ärgerlich, als sie sagte: „Ach, es ist in jedem Satz etwas, das ich nicht verstehe! Was ist denn eine Stackelsdeern nun wieder?"

Peter nahm ihre andere Hand, „Das ist leicht zu erklären: Den Kümmerling, den etwas Untüchtigen, eben den Stackel kennt man im ganzen plattdeutschen Sprachbereich. Aber in Flensburg kennt man darüber hinaus noch die Stackelsfrau, den Stackelsmann, das Stackelskind und so weiter."

„Oh mein Beste, da szolln Szie nu aber nich fünsch um werden, was er da szagt von Kümmerling un szo, das hört sich doch rein szünde an!"

„Nein, Frau Hansen", Marlies lachte nun auch schon wieder, „das hatte ich so auch nicht aufgefasst, aber am schwierigsten sind diese Satzstellungen! Das mit dem ‚und' und dem ‚sollen' das hatte ich grade halbwegs begriffen, da taucht schon wieder was Neues auf! ‚Sie wurde geholfen' – was soll das denn?"

Frau Hansen schüttelte bedauernd den Kopf. „Ja, mein Deern, da bin ich bange, fehl ich auch 'ne Erklärung für. Oder wissen Szie das, Herr Bruhn?"

Peter hatte das Gefühl, dass ihm die ganze Sache etwas aus dem Griff kam.

„Frau Hansen, ich glaub, dass wir Fräulein Weber keinen Gefallen damit tun, wenn wir immer wieder etwas Neues bringen. So kann sie ja keine halbwegs verständliche Übersicht über das ganze Phänomen bekommen! Sie kann doch nicht alles auf einmal begreifen!"

„Nee, Szie haben recht, das kann ein wirklich nicht verlangt szein."

Oh Gott, schon wieder kam sie vom Thema ab! Der Lehrer in ihm fing an, energisch auf das Pult zu klopfen. Er nahm seine Brille ab und wischte sich die Stirn. Frau Hansen war ganz teilnahmsvoll:

„Na, Szie szind doch nich schlecht?"

„Nein, nein, mir ist nicht schlecht." Er dachte: „gleich fang ich an zu schreien …"

„Bloß 'n büschen schiet szupass, nich? Is ja vielleicht auch 'n büschen heiß hier drinne." Und dann wandte sie sich, ungeachtet seiner Qual, Marlies wieder zu.

„Mir tut das ja auch leid, dass ich das nich erklären kann, mein Deern, aber wir szagen nu mal ‚ich werde cheholfen'. Unsere Kinder lachen da auch über un szagen es heißt ‚mir wird geholfen'. Dasselbige is es mit ‚fehlen'. Da szag ich doch neulichst szu mein Tochter ihre Lütte ‚oh Liebbe, was hat Oma dich chefehlt!' – da szagt szie ‚Oma', szagt szie, ‚das ist verkehrt, das muss heißen wie hast du Oma gefehlt.'"

Peter hatte sich wieder erholt und fügte gleich hinzu „Ja, und es heißt auch nicht ‚ich werde schlecht' sondern ‚mir wird schlecht'."

„Jaja, meinswegen, Hauptszache, Szie szind wieder chut szupass. Denn können wir ja weitermachen, nich? Aber nun szag mal, mein Beste", und damit wandte sie sich wieder ihren Gästen auf dem Sofa zu, „Szie's Untermieter, Szie sprachen von, is er nich'n büschen tumpig?"

Frau Thomsen war dankbar für die Möglichkeit, ihrem Unmut Luft zu machen. „Ohaueha, dascha nich szo un haben ein besseren Herrn! Mennichmal is das nich un halten aus mit! Immer is er bei szu klöschen inner Küche un szüsselt un hat szich mit szeine Hemde – die chanze Küche is denn vollcheschwullert, un ich muss wieder mit'n Feudel hinterher! Un denn immer dies Licht brennen! Neulichst, da denk ich richtig, szag das man lieber, un ich szag, Herr

Assesser, szag ich, szie szollen cherne die Lampe ausmachen, wenn Szie wegchehen tun, denn wem steht das Licht un brennen für? Un denn immer die aufen Fenster bei anne Heizung! Bei den teuern Strom un das büschen Miete Szie bezahlen, da szoll doch cherne was bei über szein, nich? Un wissen Szie, was er sagt? Ich szoll man beichehn un lassen mir meine Wörter vercholden, denn szo hatte ich chenug un leben von. Un dabei lachte er noch!"

Frau Petersen und Frau Hansen äußerten lautstark ihr mitfühlendes Entsetzen, während Marlies und Peter sich Mühe geben mussten, nicht loszulachen. Aber das merkte zum Glück keine der Damen, die nun in Fahrt gekommen waren.

„Szie's Assesser", fragte Frau Petersen, „cheht er nich mit Gerda Möller?"

„Ja, ich chlaub, szie werden bald verlobt. Frau Jensen hat szie Szonntag in der Holzung bechegnet – sowas von trallerig szagt szie, das wollte szie nich bekannt szein! Ich find ja auch, Gerda Möller, szie hat szowas Minnachtiges an szich."

„Szie is ja szonst 'ne chute Partie", warf Frau Hansen dazwischen.

„Na, bei das ein büschen Kind, Möllers haben?"

„Ich hatte szonst chedacht, er machte Loch auf Amtsgerichtsrat Szeemann szeine drei Töchter."

„Beste, die szind doch szo trarig! Zu Weihnachten szollten szie bei un lassen szich abnehmen bei Duwe –"

Marlies fragte Peter ganz schnell und leise: „Was ist abnehmen?", aber Frau Hansen hatte ihre Frage gehört und warf ihr – um bloß nicht die Erzählung zu unterbrechen – schnell die Antwort hin wie einem Hund einen Wurstzipfel: „Fotografieren …"

„… Duwe szein Frau hat das szelbst ausgeklötert, denn das war ja wohl'n bösen Kommszurecht! Eine tierte szich, weil ihr Dott immerlos auftraulte, eine fiel noch lingelangs hin, dass szie hatte ihr chanzes Koschtüm schietig, un eine, richtig szon Abekatt, szagt Frau Duwe, die war immer bei un machen Theater wegen ihrn tumpigen Hund, was mit aufs Bild szollte. Frau Duwe szagt, ihr Mann, der war da rein ab von."

„Ohaueha, Duwe" – nun war Frau Thomsen wieder dran. „Er is szonst auch ein schwerer Mann un szein Frau bei! Beste, er war vierzig, als szie verheiratet wurden! Aber da szollte ja notwendig Cheld szu Cheld!"

Das Thema war offenbar zur Zufriedenheit abgehandelt, denn Frau Thomsen lehnte sich tiefatmend zurück.

Nun war wieder Gelegenheit für Marlies. „Man wird in Flensburg verheiratet, man wird verlobt?"

In Peters Augen war noch viel unterdrücktes Lachen. Wie er diese Gespräche genoss!

„Ja, so ist das."

„Und was war das noch mit dem Brautpaar in der Hölzung? Nennt man übrigens hier immer den Wald Hölzung?"

„Nee, eigentlich ist bei uns damit immer nur die Marienhölzung gemeint. Aber dieses Brautpaar, warten Sie mal, was war noch damit …"

Frau Hansen war schon parat. „Was Frau Jensen bechegnet hatte?"

„Ja, dem Frau Jensen begegnet war", und in komischer Verzweiflung lachte Peter: „Du lieber Himmel, kann man denn nicht mal einen richtigen Satz hören? Also diese beiden jungen Leute waren trallerig, das heißt, sie waren albern, und Frau Jensen wollte sowas nicht bekannt sein, das heißt, sie hätte nicht gewollt, dass so ein Betragen über sie bekannt würde."

„Ach, die szoll szich man nich szo tiern", Frau Thomsen wurde trotz ihrer Fülle richtig lebhaft. „Ich wollte es szominn auch nich cherne bekannt szein un haben in jede Tasse von mein besten Servi 'n Splett!"

„Was ist das denn schon wieder?"

„Ein Sprung."

„Kannst auch Spreck von sagen", fuhr Frau Thomsen unbeirrt fort. „Aber dass szie szagt, Gerda Möller hatte was Minnachtiges …"

Frau Thomsen holte ihr Taschentuch heraus und putzte sich erstmal lautstark die Nase. Marlies wagte die Pause zu nutzen, um Peter einen fragenden Blick und ein hilfloses Schulterzucken zu senden, und er flüsterte schnell:

„Das soll heißen, sie trüge ein verächtliches Wesen zur Schau."

„Ja, das szag ich ja", Frau Thomsen stopfte ihr Taschentuch wieder in den Paas. „Da szoll szie man chanz stille von schweigen. Was ihre Tochter is, die is ja mit'n Studienrat verheiratet worden. Was die auf das büschen Akademiker pochen tut!"

Frau Hansen schenkte der Aufgeregten beruhigend noch eine Tasse Kaffee ein.

„Wieso pochen?", fragte Marlies.

„Ja, nu lass sie man erstmal wieder 'n büschen hörn, Liebbe, un Szie szolln szo cherne noch mein' Topfkuchen probiern!" Und damit brachte die Gastgeberin eine friedliche Zäsur in das lebhafte Geplauder.

„Pochen sagte man, wenn sich einer auf etwas was einbildet – motzen würden die jungen Leute heute dazu sagen."

„Ja, und dann bitte – wenn es Ihnen wirklich nichts ausmacht?" Marlies blickte höflich fragend in die Runde.

„Nee, nee, man szu, dascha auch für uns intresant un hören."

„Also von diesen drei Mädchen, die beim Fotografen waren – das war – Moment, ich hab es mir aufgeschrieben – ein bösen Kommzurecht?"

„Ja", erklärte Peter, „das hat Schwierigkeiten gemacht, man kam eben nicht damit zurecht. Und was dort so passiert ist, das hat die Frau vom Fotografen ausgeklötert, das heißt, sie hat es herumgetratscht."

„Ohauehaueha", trompetete da Frau Petersen dazwischen, „das lass den Rasmus man bloß nich hörn!"

„Wer ist das denn nun schon wieder?" Marlies verlor die Übersicht.

„Ein Rasmus ist eine Frau mit Haaren auf den Zähnen, vor der nicht nur der Ehemann sich in Acht nehmen muss. Hab ich recht, meine Damen?"

„Ohaueha ja, Herr Dokter, wenn Szie diesen Rasmus kennten!", und wieder einte ein etwas schadenfrohes Lachen die drei Damen.

Peter sah auf seine Uhr. „Liebe Frau Hansen, würden Sie es uns übelnehmen, wenn wir gehen? Ich möchte Fräulein Weber so gerne noch Holnis zeigen, ehe die Sonne ganz weg ist."

„Das tun Szie man! Un wenn es morgen schönes Wetter is, szollen Sie ja notwendig noch mal mit'n Dampfer nach Chlücksburg."

„Das hatten wir auch vor. Dreizehn Uhr dreißig – wie in meiner Kinderzeit."

„Szeh, das is ja schön – denn szolln wir ja szehn un kriegen morgen wieder 'n klein' Schnack, nich? Mit den Schiff fahrn wir nämlich auch!"

„Ohauehauehaueha!", sagte Peter vor sich hin und sprang im Rhythmus dazu die Treppenstufen hinunter. „Morgen schon wieder!"

„Ich find das ganz toll!" Marlies rannte hinter ihm her. „Und wenn Sie keine Lust dazu haben, fahr ich allein, Frau Hansen nimmt mich bestimmt gerne mit."

„Ohauehaueha, was hab ich mir da bloß eingebrockt!"

„Ich find dies ‚ohaueha' lustig – kann man das nach Belieben verlängern?"

„Ja, denn dieser Stoßseufzer hat oft – wie Sie an mir sehen können – den Wert eines seelischen Ventils. Er kann Erstaunen, Erleichterung, Erschrecken, Zweifel ausdrücken und vieles andere mehr. Man kann in jedem Fall schön Dampf damit ablassen und ihn verlängern, so lange man Puste hat. Passen Sie auf: Atmen Sie tief ein mit dem O – und lassen Sie dann das andere so mit dem Ausatmen einfach mitlaufen ‚ohauehauehaueha'!"

Marlies stellte sich vor ihm auf: „Ohauehauehaueha!"

„Guten Tag, Herr Bruhn", kicksten auf einmal zwei Mädchen neben ihm.

Peter grüßte etwas zerstreut und verlegen zurück. Natürlich sah er noch, wie sie sich kichernd nach ihm umdrehten und dann wegrannten.

„Zwei Mädchen aus meiner Sexta", sagte er bekümmert, „hoffentlich haben die das bis nach den Sommerferien vergessen, sonst weiß ich jetzt schon, wie sie mich jeden Morgen begrüßen werden. Ohaueha!"

Marlies lachte. „Das hätte ich nicht anders gemacht, Herr Lehrer. Aber das is doch kein Grund un weinen über, nich?" Und damit stieg sie in sein Auto. „Fahren wir jetzt nach Holnis? Und kann man da wirklich baden?"

✳

An diesem Abend sagte sie zu ihm, als sie sich im Nordergraben von ihm verabschiedete:
„Ich find es schön hier. Die Stadt und das Wasser und das schöne Land rundherum. Aber am meisten mag ich, dass es hier so nette Leute gibt."
Und dabei hatte sie ihm einen ganz schnellen Kuss auf die Backe gegeben.
„Ja? – Marlies!", aber da war sie auch schon ausgestiegen.
„Ich mein natürlich Frau Hansen!", rief sie noch und war auch schon in ihrem Hotel verschwunden.
Peter war wieder mal wütend auf sich selbst. Zu blöde, dachte er, als ob ich nicht wüsste, wie man ein Mädchen nur einen Augenblick länger festhalten kann …

✳

Von der Knuthstraße war es nicht weit zum Schlosswall, und von da oben zeigte Peter ihr den schönen Blick über die Stadt, erzählte ihr von der Duburg, von Königin Margrete und ihrem Ritter Jens Due, vom streitbaren Curd up der Lucht und von Hinrich Achtrup. Dann wanderten sie Arm in Arm die Marientreppe herunter und durch den schönen Hof in der Norderstraße zum Hafen, wobei Peter vom Norwegenhandel und vom Rum aus Westindien erzählte. Er zeigte ihr die „Alexandra", und so waren sie wieder bei den Petuhtanten gelandet, die noch auf diesem alten Dampfschiff wirklich gefahren waren.
Während sie über den Landesteg auf ihren Fördedampfer zugingen, sagte Peter:
„Schön, dass das Wetter heute mitspielt, nun können wir bei unserer Fördefahrt doch noch mal so richtig das Revier kennenlernen, das die eigentliche Heimat der Petuhtanten ist. – Ach nee, gucken Sie mal, wer da sitzt! Frau Hansen und Frau Thomsen!"
Die beiden winkten schon aus Leibeskräften: „Huhu, Herr

Dokter! Hier is schon Platz beszetzt für Szie un Frollein Weber! Dass doch szu nett un fahren mal wieder bei szon schönes Wetter nach Chlücksburg! Liekers wir ja doch szehr uns „Alexandra" fehlen! Kuck mal – da drüben liegt szie – was war das doch immer fürn staatsches Schiff! – Kuck mal, da drüben sitzt Frau Lorenzen aus der Toosbüystraße, was früher mein Nachbarin war. Lass szie man überflütten szu uns, szie is szonst ein chanz Schunzige ein. Huhu, Frau Lorenzen!"

Die also Angerufene winkte freudig zurück, raffte ihren Schirm, ihre Zeitung und ihren Paas zusammen und kam auf die Gruppe zugeeilt.

„Moin, mein Beste! Nee, wie nett un treffen Szie hier! Ich lengte schon rein nach Szie! Ich szagte noch letztag szu Frau Clausen, ich szag, ich hab doch die kleine Frau Hansen szo lange nich bechegnet. Wo kam es doch von, ich zsah Szie szo lange nich?"

„Haben Sie einen Zettel?", flüsterte Marlies Peter zu, „das geht ja schon wieder los!"

„Ach mein Beste", sagte Frau Hansen, „ich hab schon öfter szuchestellt un kommen mal um szu Szie, aber ein szüsselt ja immer szo rum un kommt rein szu char nichts."

„Na, denn lass uns nun man szehn un kriegen ein orntlichen Klott Schnack, nich? Wer is es, Szie haben mit?"

„Das is doch mein Herr Bruhn, Liebbe, un das kleine Frollein, szie is szu Besuch bei uns." Und dann kam wieder das Marlies nun schon vertraute „Na! – Moin, kleines Frollein."

Marlies gab Frau Lorenzen höflich die Hand: „Guten Morgen."

Alle drei Damen fingen an zu lachen. „Warum lachen sie denn?", fragte Marlies irritiert. Frau Hansen nahm ihre Hand.

„Liebbe, wir szagen doch immer Moin, was es nu des Abends oder des Morgens is. Un wenn ein nu beichebt un will unsre Sprache lernen un szagt denn ‚Guten Morgen' an'n Nachmittag, denn müssen wir da über lachen, denn da kann ein doch immer chleich an szehn, er is nich von hier."

Frau Lorenzen hatte nun all ihren Hausrat geordnet und sich gemütlich hingesetzt.

„Ohaueha, was'n Chlück, ich kam noch szu Szeit. Er wollte schon anfangen un leechen ab, da szah er ich kam noch cherannt. Ich bin noch chanz ab! Ich kam vorhin auf der Treppe beinahe szu schnüffeln, szo hilde hatte ich das! Ich durfte ja erst nich los für mein Mann, er ist mennichmal szo chediegen. Wir hatten chestern unsern Kartenclub – ich szitz ja denn szowieszo immer szu mit alles, und denn kann un kann ich das nich haben, wenn er beibleibt szu trivellieren, wenn ich mit'n Schiff los will. Aber nu hab ich das ja schön noch inner Reihe chekriegt. – Wer szein Platz is es, ich szitz auf? Doch nich Szie ihm, Herr Dokter? Kommen Szie doch auch nieder, kleines Frollein!"

Marlies erschrak: „Wie bitte?"

Peter fing laut an zu lachen. „Oh Marlies, ich glaub, da szoll ich notwendig erstmal wieder was erklären: es gibt einen schönen Satz aus den Lebenserinnerungen von Professor Esmarch an seine Flensburger Kindheit: ‚Komm nieder Mamsell un bring die Kinder um! Un wenn Sie sie abgezogen haben, denn legen Sie sie ein!' Das hört sich furchtbar an, nicht? Aber es ist ganz harmlos, es heißt: Kommen Sie herunter Mamsell und bringen Sie die Kinder nach Hause, und wenn Sie sie ausgezogen haben, dann legen Sie sie zu Bett. Diesen Satz zitiert man gerne, wenn man jemanden mit unserer Sprache erschrecken will. Wenn Sie also aufgefordert wurden, niederzukommen, dann war das nichts als ein freundliches Anerbieten, herunterzukommen oder Platz zu nehmen."

Marlies lachte: „Ach so! Und ich dachte schon, – wie hieß das noch? – Sie machten Narr nach mir!"

„Nu szeh, was szie da chut mit zuchange kommt!", rief Frau Hansen erfreut aus, „mir deucht, szie lernt szich das!"

„Szeh mal, da hinten szitzt Frau Duwe", flüsterte Frau Lorenzen. „Ich szoll mich doch mal verlangt szein, um die chrüßen tut."

Frau Hansen reckte den Hals: „Was is das denn fürn Kind, szie hat mit?"

„Das is bestimmt ihrn Szohn szeiner, un szie szoll da heute wieder mal auf aufpassen. Szie wohnen ja chrade über vor bei mir."

Frau Lorenzen kam in Fahrt, und sie wusste gut Bescheid. „Das is vielleicht szon Pjatt! Szie hängt den chanzen Tag aussen Fenster un is bei szu prahlen: ‚Liebbe, was szoll das szu?', ‚Liebbe, du hast schon wieder Nasze!', ‚Liebbe, aufkommen!' Da kann ein chanz tumpig von werden. Ich kuck letzt aussen Fenster un er is bei un will mit mein Tochters Kleine ihren Puppenwagen los. Szie hält ihn natürlich fest, un da will er doch an szu sparken fangen! Ich ruf raus: ‚Willst du das mal szein lassen!' Dabei kann unsre Lütte ihm leicht über! Den andern Tag hab ich szeine Mutter auf'er Straße bechegnet un ich szag, Frau Duwe, szag ich, Szie müssen 'n büschen besser auf ihm aufpassen. Ich mein – szowas kann doch nich anchehn, nich? Un die lacht da noch über! Un denn dies Cheköter in'n Treppenhaus! Chrad hab ich chefeudelt un szag, mach szu, szag ich, da nödelt der noch extra!"

Sie hatten gar nicht gemerkt, dass das Schiff abgelegt hatte und sie schon fast an der bunten Hafenzeile vorbeigefahren waren.

Marlies zupfte Peter am Ärmel:

„Ich hab so viele Fragen …"

„Kommen Sie, ich zeig Ihnen noch ein bisschen", und sie standen auf und lehnten sich an die Reeling.

„Wir können die Damen ruhig allein lassen, die haben jetzt ein ausgiebiges Gesprächsthema. Haben Sie übrigens mitgekriegt – Frau Hansen hat gesagt, Sie wären bei u n s zu Besuch – das war eine wahrhaft ritterliche Geste, denn sonst wäre Frau Lorenzen da nachher schon ‚mit los'. Gucken Sie mal, da liegt Ostseebad, da hab ich schwimmen gelernt – und weiter längs ist Wassersleben; von der Ecke an wird das Ufer dänisch. – Womit kann ich Ihnen nun dienen, meine Verehrteste?"

Marlies kramte ihren Zettel hervor. „Warten Sie mal – ich lengte, sagte Frau Lorenzen, was heißt das?"

„Ich sehnte mich, Marlies", sagte Peter mit einer besonderen

Betonung, und zu seiner Freude sah er, dass sie ein bisschen rot wurde. Ganz schnell und sachlich ging sie daher zur nächsten Frage über: „Ich hab schon einige Male gehört, dass die irgendeine Formulierung mit ‚verlangen‘ bildeten, wieso?“

„Ich szoll mich mal verlangen oder ich szoll mich mal verlangt szein – das heißt so viel wie: nun möchte ich doch gerne mal wissen, nun bin ich doch mal gespannt …“

„Ja, und was die Frau aus dem Fenster rief, oder prahlte, wie sie so schön sagte: ‚Du hast Nase‘ – was heißt das?“

„Das heißt, du brauchst ein Taschentuch, du hast eine Lecknase.“

„Und kötern und nödeln?“

„Kötern sagt man, wenn jemand immer rein- und raustippelt, was eben von Hausfrauen besonders störend empfunden wird, wenn … “

„Wenn sie bei sind un feudeln, nicht?“

Marlies sah ihn strahlend an.

„Richtig“, sagte er, „ich szoll mich doch verlangt szein, was Szie nich bald so schnacken können wie wir. Ja, und nödeln sagt man bei uns für trödeln.“

„Worte kann man sich ja noch erklären lassen und notfalls lernen wie Vokabeln – aber diese verdrehten Rede-Wendungen! ‚Da will er an zu sparken fangen‘ – was ist übrigens sparken?“

„Wenn ein’n Pedd gibt – und falls Sie das auch nicht verstehen, Sie süddeutsches Kind – treten! Ja, und das andere, was Sie meinen, darüber hab ich auch schon oft spekuliert – ich mein’ nachgedacht. Mir ist es immer wieder bei dem Wort ‚anfangen‘ begegnet: ‚Ich wollte an zu backen fangen‘, ‚es will an zu regnen fangen‘ – diese Art, das zusammengesetzte Wort einfach zu zerlegen, ist sicher nicht mehr sehr gebräuchlich, aber hören kann man es doch noch dann und wann.“

„Dann hab ich noch das Wort tumpig aufgeschrieben, das sagen sie ja oft, was heißt das?“

Peter lachte: „Das is nu richtig ein tumpige Frage un kommen mit!“

„Deswegen weiß ich doch immer noch nicht genau, was das heißt!"

„Mit tumpig bezeichnen wir etwas Lächerliches, leicht Verrücktes. Wir kennen tumpige Leute, tumpige Hüte, auch einen tumpigen Film. Wir würden sogar ein modernes Kunstwerk, das sich unserem Verständnis entzieht, als tumpig bezeichnen. Wer also bei dem Wort tumpig an den tumben Tor gedacht hat, der hat nur bedingt recht."

„Und da war noch was, das so ähnlich klang, aber das hab ich vergessen … "

„Meinen Sie schunzig?" – „Ja."

„Schunzig ist etwas Lustiges, aber nicht mit dem leicht kritischen Beigeschmack wie beim Wort tumpig. Ich glaube, Frau Hansen bezeichnete Frau Lorenzen als eine Schunzige, und das ist sie auch, nicht? Aber wenn Ihnen das alles zu viel wird – da kann ich auch nichts für."

„Meinen Sie Flensburger damit: dafür kann ich nichts?"

„Genau das. Da sind Sie übrigens auf etwas sehr Typisches zu sprechen gekommen. In Flensburg zerteilt man ja gerne die Worte, das haben Sie schon eben gemerkt. So auch zusammengesetzte Präpositionen, vor allem die mit ,da' – dafür, dagegen, damit, dabei und so weiter. ,Da kann ich nichts für' heißt: dafür kann ich nichts, ,da kann ich nicht gegenan' – das kann ich nicht ertragen, ,da ist nichts bei' bedeutet: dabei ist nichts, davor braucht man keine Angst zu haben oder richtiger ,da braucht ein keine Angst vor haben'."

„Das habe ich mir am Rande schon gemerkt: Sie sagen ja immer ,ein' für ,man' – aber die Frau Duwe hat dem Kind noch sowas Witziges aus dem Fenster zugerufen – wie war das noch – ,was soll das' … aber ich glaub, das war noch anders."

„Meinen Sie ,was szoll das szu'?"

„Ja ja, das meinte ich!"

„Das würde exakt heißen ,wozu soll das?' – aber das lässt sich bestimmt nicht so gut rufen wie ,was szoll das szu!"

„Herr Dokter!", rief Frau Thomsen, „szollen Szie un das kleine Frollein nich lieber wieder überflütten szu uns? Da szucht das doch szo!"

„Ja, vielen Dank, Frau Thomsen, wir kommen gleich. Noch zwei schöne Worte für Ihre Sammlung, Marlies: flütten heißt eigentlich umziehen, also Wohnungswechsel, aber man sagt es auch für einen Platzwechsel. Wir sollen also rüberkommen, weil es hier szucht, das heißt zieht. – Da sind wir wieder, ich hab Fräulein Weber mal ein bisschen von der Förde gezeigt – wir haben Sie ganz vernachlässigt, hoffentlich sind Sie uns nicht böse."

„Da nich für", sagte Frau Hansen, „die szind ja immer noch bei un schnacken."

„Ohaueha", sagte Frau Thomsen und klapperte dabei mit ihren Häkelnadeln, „was hatte ich fürn Traffel un kommen los! Ich wollte chrade an szu kochen fangen – ich hatte noch'n paar Wurzel un'n büschen Szuppenfleisch, das war leicht chenug un kriegen Mittag aus es – da kommt doch die Kuszine szu mein Mann – szie is oben von Apenrade un szie szollte in Flensburg notwendig nach'n Arzt. Szie schwindelt immer szo, un da können szie char nich hinter kommen – na un szo frägt szie, um szie nich kann 'n büschen essen bei uns. Die jungen Leute szind ja heute immer szo fix dabei un chehen nach'n Lokal szum Essen – wir kochen uns ja lieber szelbst, nich? Szo szag ich, Deern, szag ich, ich hab das szo hilde, ich szoll szo cherne mit'n Schiff. Och, szagt szie, Tante Ida, da is doch nichts bei – na, un szo ließ ich szie klöschen, szie szoll das szacht inner Reihe kriegen."

„Beste, können Szie da chegenan un haben ein in Szie's Küche zu pütschern?"

„Ach, bei ihr bin ich nich szo eigen, szie is szehr pük."

„Wir hatten heute chestovte Rüben un ausgekroßten Speck, da war ich szo lecker auf, aber das war szo szalz! Um man hier wohl kann n Szelter kriegen?"

„Das bin ich vermuten, Liebbe, krieg man ein", Frau Hansen lachte und zwinkerte Marlies zu, „das is denn auch immer szo chut un reppen auf nach, nich?"

„Darf ich mal wieder ganz schnell dazwischenfragen? Was war das eben?"

Peter lachte auch. „Das ist eine herrliche Redewendung, die Frau Hansen Ihnen zuliebe gebracht hat, stimmt's Frau

Hansen? Das ist klassisches Petuh. Gut un reppen auf nach, heißt schlicht: Gut um danach zu rülpsen."

„Ja, und was schwindelte der Besuch aus Dänemark? Das hab ich gar nicht verstanden."

„Das können Sie auch nicht. Wenn Frau Lorenzen sagte, dass sie schwindelt, so spricht sie doch die Wahrheit, denn sie meint, dass ihr schwindelig ist."

Die Damen waren emsig am Reden. „Was szagen Szie bloß, Thiessen chibt szein Laden auf!"

„Nee, szag bloß – wofür das denn?"

„Och, er kann wohl nich zuchange kommen, un welche szagen auch, er hatte szie ancheschmiert. Na, un denn szie! Szie is ja szo nehrig! Da kann ich nich chegenan!"

„Ich kam da szonst immer chanz cherne, aber neulichst – nun szolln Szie doch mal hörn: Frau Thiessen szie is szelbst in'n Laden un szagt richtig szo nett: ‚Was szoll es szein, Frau Thomsen?' Ich szag: ‚szoll ich 'n paar aufe Makrelen haben?' Mag ich ja cherne mal, auch wenn ein da den chanzen Nachmittag noch auf essen tut."

„Das is ja auch immer szowas Rediges, nich?"

„Das szag man. Da szagt er Thiessen: ‚Augenblick mal, ich hol welche.' Un was chlauben Szie, er kam wieder mit? Mit szue! Ich szag: ‚Herr Thiessen, szag ich, ‚ich szoll cherne aufe haben.' Un was meinen Szie, er szagt? ‚Makrele is Makrele!' Wenn ein szo andershaftig is, szoll er szich ja nich wundern, wenn szein Laden nich chehen tut."

„Verstanden?", fragte Peter Marlies leise. „Ja – nur: was ist der Unterschied zwischen aufen und zuen Makrelen?"

„Aufe sind aufgeschnittene und geräucherte, die dann ganz flach aussehen, und zue Makrelen sind entweder die sogenannten grünen, die man kochen oder braten kann oder eben unaufgeklappt geräucherte."

„Glauben Sie, dass man in Flensburg in einem Fischgeschäft aufe und zue Makrelen verlangen kann?"

„Wenn der Fischhändler oder die Verkäuferin aus Flensburg stammen und selbst Schau dran haben, glaube ich das wohl."

„Das will ich morgen noch ausprobieren – und was sagte sie von den Fischen, die wären redlich?"

„Nee, das betraf nicht die Fische sondern die ganze Mahlzeit, und das heißt auch nicht redlich sondern redig. Etwas Rediges ist etwas, was sich einfach zubereiten lässt."

„Ja, mein Deern", sagte Frau Hansen, „wir szolln immer cherne szehn un kriegen was Rediches aufen Tisch, wenn wir szolln los mit'n Schiff. Oh, da komm ich chrade auf szu denken – Frau Thomsen, als ich Szie letzt umbrachte ..."

„Wie bitte?", fragte Marlies erschrocken. „Ach ja, ich weiß schon – nach Hause brachte – entschuldigen Sie bitte, dass ich Sie unterbrochen habe." „Da nich für, kleines Frollein – da szah ich doch Szie's Tochter aufen Rücken die Marienstraße raufchehen – es war doch nich, szie hatte Szie verpasst?"

„Nein!", rief Marlies und fasste Frau Hansen am Arm, „was ist das denn schon wieder? Wo geht man denn auf dem Rücken?"

„Liebbe, das szagt ein, wenn'n ein von hinten szieht." Frau Thomsen hatte sich nicht aufhalten lassen. „Ja, denk mal, die Stackelsdeern, was'n Kommzurecht! Szie hatte Klümpfe chehabt un denkt nu richtig, szie wollte nich szuszitzen mit Reste von es. Szie war bange, dass die an szu backen fingen, das is ja leicht szu bei dies mullerige Wetter. Szie wusste nu, ich hatte noch frische Szuppe szu stehen, un die Klümpfe kamen mir chut szupass. Na, ich war ja nu nich szu Hause un szo fährt szie mit'n Bus szurück – szie wohnt ja oben auf Duburg – szetzt szich doch ein auf ihren Paas! Natürlich alles ein Grums!"

„Szünde! Szag mal, mein Chute", wandte sie sich an Frau Lorenzen, „hatten Szie nich Tante Maass mit? Ich szoll szo notwendig noch die frischen Toten szehn. – Oh szeh mal, wie szünde! Nielsen szeine Oma! Aber szie war ja schon lange schiet szupass."

„Oha ja – letzt Jahr mit ihre aufen Beine – da war szie ja der Tummelplatz von szämtliche Flensburger Ärzte! Da wurde szie ja auch szo schön cheholfen, aber Frau Nielsen szagte schon neulichst, nun wollte es char nich an szu heilen fangen."

„Un szeh mal, all die chlücklichen Verlobten! Was'n Masse!"

„Da is ja nu die Jahreszeit nach. Aber ich szag immer: die halben werden man wahr."

Marlies fragte Peter: „Was für eine Tante haben die denn mit an Bord?"

Frau Hansen lachte: „Ach, Szie meinen Tante Maass? Das doch unsere Zeitung, mein Deern."

Und während sie sich weiter in die Lektüre vertiefte und die beiden anderen Damen über Krankheiten plauderten, erklärte Peter:

„Bei uns bezeichnet man mit diesem liebevollen Namen seit Jahrzehnten das Flensburger Tageblatt oder die Flensburger Nachrichten. Und wenn Frau Hansen die frischen Toten sehen wollte, dann könnte das vielleicht etwas spöttisch und lieblos klingen, aber Sie hörten ja – es ist gleich das ‚wie szünde' dabei und das bedeutet wirkliches Mitgefühl. In so einer Stadt wie Flensburg kennen sich natürlich viele Leute, und jeder interessiert sich – wie man so schön sagt – für die neugeborenen Bekannten und die glücklichen Verlobten."

„Dann habe ich noch eine Frage: Was wollte die Tochter von Frau Thomsen im Bus backen?"

Frau Hansen schaute von der Zeitung auf: „Das haben Szie nich richtig mitchekriegt – szie war bange, die Klümpfe fingen szu backen an!"

„Was sind denn Klümpfe?"

„Klümpfe sind Klöße", sagte Peter, „und sie hatte Sorge, dass sie zusammenkleben würden – und nachher war dann doch alles ein Grums, das heißt Brei."

Frau Hansen lachte laut auf „Ohaueha, ich will wohl denken, szie war schiet szupass! … Ach du leewe Tied, nu kucken Szie schon wieder szo chediegen – was szagt ein denn bei Euch für ‚schiet szupass'?"

„Dass man sich nicht gut fühlt – das Gegenteil ist gut zupass."

„Nee", sagte Frau Hansen und schüttelte den Kopf, „ich bin bange, wir kriegen da kein Ende in es – ein kann ja beibleiben!"

Aber sie fanden auf einmal doch ein Ende, denn das Schiff näherte sich Glücksburg und seiner Brücke. Marlies war entzückt von der schönen Bucht und war schon ganz aufgeregt, als das Schiff anlegte.

„Wir gehen jetzt erst zum Schloss", sagte Peter, und sie verabschiedeten sich von den drei Damen.

„Wiederszehn, Frollein", sagte Frau Thomsen, „was is der Dokter fürn netter Mensch, nich, un szo szolide!"

„Ja, das is heutszutage nich leicht un finden", fügte Frau Lorenzen mit bedeutungsvollem Nicken hinzu.

„Szo, nu lass szie man laufen", sagte Frau Hansen und tätschelte Marlies' Hand, „wir szehen uns ja nachher noch, nich? Wir fahren mit dem szelbigen Schiff gleich wieder szurück, wie szich das für richtige Petuhtanten schickt. Ich konnte das nich chut überkommen un steigen nu schon hier aus." Und als sie den beiden, die von der Brücke noch mal zurückwinkten, nachsah, meinte sie mehr für sich: „Ich szoll mich mal verlangen, um die szich kriegen!"

*

Am Ende dieses Tages war die Zeit, von der Marlies zuerst gemeint hatte, sie wäre viel zu lang, schon zuende. Sie standen auf dem Bahnsteig und Peter sagte: „Oh, was szoll ich nach dir lengen!"

„Ich fehl dich bestimmt auch."

Dann musste sie einsteigen.

„Du szollst mal szehn, ehe das Wintersemester anfängt, komm ich noch mal für ein Wochenende rauf. Da szolln wir noch lange gut haben."

„Gut von haben", rief er und winkte, denn der Zug setzte sich in Bewegung. „Pass gut auf dich auf! Ich wollte dich szo gerne umbringen!"

Für szolche, was nich aus Flensburg szind:

abbleiben – ausbleiben
Abekatt – Affe
abmarsen – abmühen (s. Mars)
abnehmen – fotografieren
abkönnen – vertragen
ab sein – erschöpft sein
abziehen – ausziehen
afsteh – fort, los
Aggewars – Umstand, Mühe
akkerat – akkurat
Ansinns sein – zumuten
Anstalt – Krankenhaus
aufe – offene
aufkommen – 1. heraufkommen
            2. auf etwas kommen, einfallen
aufreppen – rülpsen
aufrummeln – aufwärmen
auftraueln – auflösen, aufribbeln
aufzu – Zugabe
ausklötern – austratschen

backen – kleben
beigehen – anfangen
bekannt sein, etwas … – von etwas wissen
büschen – bisschen

da nich für – das macht nichts
dare – hinweisendes Fürwort
deucht, mir … – mir scheint
Dickenisse – Diakonisse
dingelig – schwindlig
Dott – Haarknoten
durche – durchgeschlissene, durchgewetzte

ein – man
einlegen – ins Bett legen

Eule – Handfeger

Fahrtuch – Wischtuch, „Schüsseltuch"
fehlen – entbehren
Feudel – Wischtuch (nur für den Boden!)
flütten – umziehen
Fremde – Gäste
frische Suppe – Fleischbrühe
Függ – Schneesturm
függen – stieben
fünsch – wütend

gediegen – merkwürdig
Gest – Hefe
gestovt – mit Milch bereitet
Grums – Brei

hart – sehr
hausen auf etwas – etwas hüten
Hemde – Flensburger Plural von Hemd
hilde – eilig
Hölzung – Gehölz, Wald

klöschen – etwas abfälliges Urteil über langsame Arbeit
Klott – Hümpel, Haufen
Klümpfe – Klöße
kötern – hin- und herlaufen
Kommzurecht – Schwierigkeit, mit etwas zurechtzukommen

lecker auf etwas sein – Appetit haben
Leichdorn – Hühnerauge
lengen – sehnen
Leuwagen – Schrubber
Liebbe – freundliche Anrede
likers – sowieso
lingelangs – der Länge nach
Loch auf etwas machen – um etwas vermindern

Maggeratsch – Matsch
Maleschen – Pech
mallörn – passieren
Mars – Mühe (s. abmarsen)
mennigmal – manchmal
minnachtig – verächtlich
Moin – Flensburger Gruß zu jeder Tageszeit
mullerig – feucht-warm

Narr machen – verspotten
nehrig – geizig
niederkommen – herunterkommen
nödeln – trödeln

öhmig – etwas schmerzhafte Müdigkeit
Ohaueha – Stoßseufzer

Paas – Beutel, Tasche
zupass, gut … – sich gut fühlen
zupass, schiet … – sich schlecht fühlen
passen – hüten
patschent – leidend
Pjatt – Dummkopf
Platenkuchen – Blechkuchen
pochen, auf etwas … – prahlen, angeben
prahlen – rufen
pük – sauber, reinlich
pütschern – „an etwas herumarbeiten"

Rasmus – weibl. Drache
redig – einfach
reppen – (siehe aufreppen)
ring – schlecht
rönschen – räumen, aufräumen
rott – vergammelt, faul
Rücken, aufen … – von hinten

sacht – wohl, vielleicht

Schapptüch – Sonntagsstaat
Schau – Spaß
Schlatt – flüssiger Rest
schlemm, auf … – angelehnt (Tür)
schleu – etwas, das nicht lange vorhält
schnüffeln – stolpern
schunzig – witzig
schwindeln – schwindlig sein
schwullern – mit Wasser schwappen
Seel, mein … – Beteuerung
Seh um Laube … – Kümmere dich um eine Laube
Seiten, wild in die … – durcheinander
sollen – brauchen, müssen, möchten pp.
sominn und sogott – Beteuerung
söt – süß
sparken – treten
spekuliern – nachdenken
Spink, spinkig – klein, dünn
Splett, auch Spreck – Sprung
sünde – bedauerlich
süsseln – eilig schaffen
Stackel, stackelig – arm, bedauernswert
Stahoi – Aufstand
Stjamp, stjampig – umständlich, ungeschickt
streben – eilen

taperig – ungeschickt
Tante Maass – Flensburger Tageblatt
tieren, sich … – angeben, sich anstellen
tossig – ungeschickt
Traffel – Eile
Traktemente – was man Gästen anbietet
trallerig – albern
trarig – langweilig
trivellieren – triezen
tühnen – lügen, spinnen
Tummelum – Unruhe
tumpig – verrückt

überflütten – (s. flütten)
überkommen, etwas – mit etwas fertigwerden
überkönnen, jemanden – stärker sein als jemand
umbringen – nach Hause bringen
um – ob

Verhältnis – Rezept
verjagen – erschrecken
verklaren – erklären
verknusen – verkraften, vertragen
verlangt sein, verlangen – neugierig, gespannt sein

Zeiten, wild in die ... – zeitlich durcheinander
Zirenen – Syringen, Fliederstrauch
zuchen – ziehen (v. Zugluft)
zue – geschlossene
zusitzen mit etwas – übrig bleiben
zustellen – vorbereiten
zu täglich – alltags

Flensburg im HUSUM -BUCH

Mörderisches Flensburg

Kriminalgeschichten aus der Fördestadt
gesammelt und hrsg. von Eckhard Bodenstein
4. Aufl., 168 Seiten mit Illustrationen
von Christoph Wiegand, gebunden

Roland Pump,

Flensburg und seine Förde

Fotos von Günter Pump
64 Seiten, zahlreiche farbige Abbildungen, broschiert
2. aktualisierte Auflage

Sagen und Märchen aus Flensburg

Hrsg. von Gundula Hubrich-Messow
104 Seiten, broschiert

Verliebt in Flensburg

Liebesgeschichten aus der Fördestadt
Hrsg. von Eckhard Bodenstein
Illustrationen von Christoph Wiegand
2. Aufl., 200 Seiten, gebunden

Kathinka Wantula,

Mörderisches Blut

Flensburg-Krimi
197 Seiten, broschiert

Renate Delfs,

Von Peter Puff und Dickenissen

Ein ungewöhliche Liebeserklärung
an Flensburg
6. Aufl., 78 Seiten, broschiert

 **HUSUM DRUCK- UND VERLAGSGESELLSCHAFT**
Postfach 1480 · D-25804 Husum

Regionalia im HUSUM TASCHEN BUCH

Anekdoten aus Bayern · aus Berlin · aus Brandenburg · aus Hessen · aus Mecklenburg-Vorpommern · aus Ostpreußen · aus Pommern · aus Sachsen · aus Sachsen-Anhalt · aus Schlesien · aus Schleswig-Holstein 1 · aus Schleswig-Holstein 2 · aus Thüringen – **Entdecken und erleben (Reiseführer):** Mecklenburg-Vorpommerns Kunst · Niedersachsens Kunst · Niedersachsens Literatur · Ostpreußens Literatur · Schleswig-Holsteins Kunst · Schleswig-Holsteins Literatur – **Im Gedicht:** Berlin · Niedersachsen · Nordrhein-Westfalen · Schlesien · Schleswig-Holstein – **Humor** aus Schlesien – **Kinder- und Jugendspiele** aus Schleswig-Holstein 1 · aus Schleswig-Holstein 3 · aus Westfalen – **Kindheitserinnerungen** aus Berlin · aus Hamburg · aus Köln · vom Niederrhein · aus Ostpreußen · aus Pommern · aus Westfalen – **Komponisten** aus Schleswig-Holstein – **Krippengeschichten** aus Deutschland – **Legenden** aus Westfalen – **Märchen** aus Mecklenburg · aus Niedersachsen · aus Schleswig-Holstein · aus Westfalen – **Redensarten** aus Hessen – **Aus dem Sagenschatz** der Franken · der Hessen · der Niedersachsen und Westfalen · der Österreicher · der Schleswig-Holsteiner und Mecklenburger · der Schwaben · der Thüringer – **Sagen** aus Baden-Württemberg · aus Franken · aus Mecklenburg · aus Schleswig-Holstein · aus Südtirol · aus Westfalen – **Schulerinnerungen** aus Franken · aus Hamburg · aus Mecklenburg · aus Niedersachsen · aus Ostpreußen · aus Schleswig-Holstein – **Schwänke** aus Bayern · aus Schleswig-Holstein · aus Schwaben · aus Westfalen – **Sprichwörter** aus Hessen – **Sprichwörter und Redensarten** aus Mecklenburg · aus Schleswig-Holstein – **Plattdeutsche Sprichwörter** aus Niedersachsen – **Weihnachtsgeschichten** aus Baden · aus Bayern · aus Berlin · aus Brandenburg · aus Franken · aus Hamburg · aus Hessen · aus Köln · aus Mecklenburg · aus München · vom Niederrhein · aus Niedersachsen · aus Ostpreußen · aus Pommern · aus dem Rheinland und der Pfalz · aus Sachsen · aus Sachsen-Anhalt · aus Schlesien · aus Schleswig-Holstein · aus Schwaben · aus Thüringen · aus Westfalen · aus Württemberg – **Weihnachtsmärchen und Weihnachtssagen** aus Baden · aus Schleswig-Holstein – **Witze** aus Hamburg · aus Ostpreußen · aus Pommern · aus Sachsen · aus Schleswig-Holstein

HUSUM HUSUM DRUCK- UND VERLAGSGESELLSCHAFT
Postfach 1480 · D-25804 Husum